Go Cambodia!
캄보디아어 회화

저자 찌어다라, 이진곤

머리말

안녕하세요,
다문화전문 사회적기업 아시안허브와 비영리민간단체 아시아언어문화연구소를 운영하고 있는 최진희라고 합니다.

아시안허브는 처음 캄보디아를 중심으로 시작되었습니다. 한국국제협력단 캄보디아 단원출신인 저와 캄보디아 결혼이주여성들이 함께 모여서 만들어진 회사로 지금은 캄보디아가 표본이 되어 베트남, 미얀마, 라오스, 중국 등 확장되어가고 있습니다.

저희 주력사업이 결혼이주여성 교육을 통한 일자리창출이기에 끊임없이 캄보디아어 강사를 배출하고 교육을 진행하고 있습니다. 그러나 안타까운 것은 단시간 언어를 배워서 캄보디아에 가겠다는 수강생들이 대부분이라는 점입니다. 전혀 생소한 언어를 불과 한두 달 만에 배울 수는 없을 겁니다. 그러나 많은 분들이 원하셔서 찌어다라 캄보디아 강사와 한국국제협력단 캄보디아 단원 출신 이진곤 비상근 연구원이 함께 진행하여 이 책을 만들게 되었습니다.

이 책은 단기간 캄보디아어를 배워서 캄보디아에 갔을 때 기본 회화는 가능하도록 만들어진 아시안허브 회화반 교재입니다. 캄보디아어는 다른 언어에 비해 기초 문법구조가 복잡하지는 않습니다. 문장 하나하나를 외우다 보면 쉽게 말문이 트일 것입니다.

캄보디아에서 사업 또는 선교, 봉사 등을 희망하는 분들께 캄보디아에서는 초기 정착에 조금이나마 도움이 되도록 구성하였으니, 열심히 공부해서 원하는 바를 이룰 수 있길 바랍니다.

㈜아시안허브 대표이사 **최진희** 씀

contents

크메르어 글자 អក្សរក្រមខ្មែរ

01 자음 ព្យញ្ជនៈ

본 글자	ក	ខ	គ	ឃ	ង
받침 글자	្ក	្ខ	្គ	្ឃ	្ង
한글발음(계열)	꺼(1)	커(1)	꼬(2)	코(2)	(응-)오(2)

본 글자	ច	ឆ	ជ	ឈ	ញ
받침 글자	្ច	្ឆ	្ជ	្ឈ	្ញ
한글발음(계열)	쩌(1)	처(1)	쪼(2)	초(2)	뇨(2)

본 글자	ដ	ឋ	ឌ	ឍ	ណ
받침 글자	្ដ	្ឋ	្ឌ	្ឍ	្ណ
한글발음(계열)	더(1)	터(1)	도(2)	토(2)	너(1)

본 글자	ត	ថ	ទ	ធ	ន
받침 글자	្ត	្ថ	្ទ	្ធ	្ន
한글발음(계열)	떠(1)	터(1)	또(2)	토(2)	노(2)

본 글자	ប	ផ	ព	ភ	ម
받침 글자	្ប	្ផ	្ព	្ភ	្ម
한글발음(계열)	버(1)	퍼(1)	뽀(2)	포(2)	모(2)

본 글자	យ	រ	ល	វ	
받침 글자	្យ	្រ	្ល	្វ	
한글발음(계열)	요(2)	ㄹ로/R(2)	로/L(2)	워(2)	

본 글자	ស	ហ	ឡ	អ	
받침 글자	្ស	្ហ	없음	្អ	
한글발음(계열)	써(1)	허(1)	러/L(1)	어(1)	

* 자음의 계열에 따라 모음과 결합할 때, 모음의 발음이 달라진다.
** 자음은 모음과 결합하지 않아도 기본적으로 모음 음가를 가지고 있으며 단독으로 의미를 지닌다.

02 모음 ເສ:

모음	◌າ	◌ິ	◌ີ	◌ຶ
1계열	아-	에	에이/아이	어
2계열	이어	이	이-	으

모음	◌ື	◌ຸ	◌ູ	◌ົວ
1계열	어-(으)	오	오-	우어
2계열	으-	우	우-	우어

모음	ເ◌ັຍ	ເ◌ຶອ	ເ◌ີຍ	ເ◌
1계열	아-으	으-어	이-어	에-
2계열	으-	으-어	이-어	에-

모음	ແ◌	ແ◌	ເ◌າ	ເ◌າ
1계열	아에	아이	아오	아으
2계열	애-	애이	오-	어으

모음	◌ຳ	◌ົ	◌າໍ	◌ະ
1계열	(어)움	엄	암	어ㅎ
2계열	(오)움	옴	오암	에아ㅎ

모음	◌ິະ	ເ◌ະ	ເ◌າະ	
1계열	오ㅎ	에ㅎ	어ㅎ	
2계열	우ㅎ	이ㅎ	우어ㅎ	

03 이중모음

글 자	ໄ◌	ໄ◌ຽ	◌ຽ	◌ົວ	◌ຣ, ◌ຣ	◌ຣ, ◌ຣ
발 음	에이	에이	우	어우	르/R	르/R
글 자	◌ຼ, ◌ຼ	◌ຼ, ◌ຼ	◌ຽ	◌ຽ	◌ຽ	◌ຽ
발 음	르/L	르/L	아에	아이	아오	아으

04 숫자

໑	໒	໓	໔	໕	໖	໗	໘	໙	໐
1	2	3	4	5	6	7	8	9	10

인사 ការរាក់ទាក់ 까 으레악 떼악
(기본 인사, 기본회화 등)

- 안녕하세요? / 안녕　**ជំរាបសួរ!** 쭘 으립 쑤어　/　**សួស្ដី** 쑤어 쓰데이

- 처음 뵙겠습니다 / 만나서 반갑습니다.　**រីករាយដែលបានជួប។**
  으리윽 으레이 다엘 반 쭈읍

- 안녕히 가세요(계세요)　**ជំរាបលា/ លាសិនហើយ /លាហើយ**
  쭘 으리읍 리어 / 리어 썬 하으이 / 리어 하으이

- 잘 지냈어요?　**តើអ្នកសុខសប្បាយទេ?** 따에 네악 쏙 써바이 떼?

- 오랜만입니다.　**ខានជួបគ្នាយូរហើយ!** 칸 쭈읍 크니어 유우 하으이

- 또 만나요.　**ជួបគ្នាម្ដងទៀត** 쭈읍 크니어 머덩 띠을

- 나중에 만나요.　**ជួបគ្នាថ្ងៃក្រោយ** 쭈읍 크니어 틍아이 끄라우이

- 저도 그래요.　**ខ្ញុំដូចគ្នាដែរ** 크놈 꺼 도으잊 크니어 다에

- 당신은요?　**ចុះលោកវិញ? ចុះអ្នកវិញ?** 쪼ㅎ 록 (v)웬? 쪼ㅎ 네악 (v)웬?

- 제 생각도 그래요.　**ខ្ញុំគិតអញ្ចឹងដែរ** 크놈 꺼 끝 언쩡 다에

- 뭐라고요?　**ថាម៉េច?** 타 마엧?

- 미안합니다.　**សុំទោស** 쏨또ㅎ

- 괜찮습니다.　**មិនអីទេ** 먼 아이 떼

- 네 / 아니오 / 맞아요 등　**ចាស / ទេ / ត្រឹមត្រូវ** 짜ㅎ / 떼 / 뜨럼 뜨러(v)우

- 새해 복 많이 받으세요.　**សួស្ដីឆ្នាំថ្មី** 쑤어 쓰데이 츠남 트마이

- 조심하세요.　**សូមប្រយ័ត្ន** 쏘옴 브러얃

- 실례합니다.　**សូមអភ័យទោស** 쏨 어페이 또ㅎ

- 환영합니다.　**សូមស្វាគមន៍** 쏨 쓰(v)와 꼼

- 감사합니다.　**អរគុណ** 어꾼

Lesson 01

제 1 과 **인사**

មេរៀនទី១ ការរាក់ទាក់

메 으리언 띠 무어이 까 으레악 떼악

기본회화

꺼 안녕하세요?

ជំរាបសួរ! 쭈음ㅡ립 쑤어

ជំរាបសួរ!

커 안녕하세요?

ជំរាបសួរ! 쭈음ㅡ립 쑤어

꺼 잘 지냈어요? 오랜만입니다.

ខានជួបគ្នាយូរហើយ! តើអ្នកសុខសប្បាយទេ?

칸 쭈읍 크니어 유 하으이 따으 네악 쏙 써바이 떼?

커 네, 잘 지냈어요. 당신은요?

បាទ! សុខសប្បាយ។ ចុះលោកវិញ?

받 쏙 써바이. 쪼ㅎ 록(v) 웬?

꺼 저도 잘 지냈어요.

ខ្ញុំក៏ សុខសប្បាយដែរ។ 크놈 꺼 쏙 써바이 다에

커 아, 새해 복 많이 받으세요!

អា, សួស្ដីឆ្នាំថ្មី! 아, 쑤어 쓰데이 츠남 트마이

12

패턴 1

꺼 안녕하세요?

ជំរាបសួរ! 쭈음ㄹ립 쑤어

커 안녕하세요?

ជំរាបសួរ! 쭈음ㄹ립 쑤어

‖설명

** 인사 방법 : 손을 합장(쏨뻬아)하고 인사한다.

** 안녕하세요? / 안녕? / 안녕히 가세요(계세요)

ជំរាបសួរ! / សួស្ដី / ជំរាបលា 쭈음ㄹ립 쑤어 / 쑤어 쓰데이 / 쭈음ㄹ립 리어

패턴 2

꺼 잘 지냈어요? 오랜만입니다.

ខានជួបគ្នាយូរហើយ! តើអ្នកសុខសប្បាយទេ?

칸 쭈웁 크니어 유 하으이 따으 네악 쏙 써바이 떼?

커 네, 잘 지냈어요. 당신은요?

បាទ! សុខសប្បាយ។ ចុះលោករិញ?

받 쏙써바이. 쪼ㅎ 록(v) 웬?

** 대답 방법 : 남자와 여자의 대답이 다르다.

남자 네 할 때는 ចាទ 받 / 여자 네 할 때는 ចាស៎ 짜ㅎ

** 줄임 표현 : 당신은요? = 당신은 잘 지냈어요? 의 줄임말-

ចុះលោកវិញ? = តើអ្នកសុខសប្បាយទេ?

쪼ㅎ 록 (v)웬?   =   따으 네악 쏙 써바이 떼?

패턴 3

꺼 저도 잘 지냈어요.

ខ្ញុំក៏ សុខសប្បាយដែរ។ 크놈 꺼 쏙 써바이 다에

커 아, 새해 복 많이 받으세요!

អា, សួស្តីឆ្នាំថ្មី! 아, 쑤어 쓰데이 츠남 트마이

** 문법 : -도- ដែរ 다에

예) 저도 만나서 반갑습니다.

រីករាយដែលបានជួបដែរ។ 으리윽 으레이 다엘 반 쭈읍 다에

응용회화

꺼 조심하세요!

សូមប្រយ័ត្ន 쏘옴 브러얃

커 (쿵) 죄송합니다.

សុំទោស 쏨또ㅎ

커 괜찮아요.

មិនអីទេ 먼 아이 떼

សូមប្រយ័ត្ន

꺼 생일 축하합니다.

ជូនពរថ្ងៃខួបកំណើត 쭈운 뽀 틍아이 쿠읍 껌나읕

커 감사합니다.

អរគុណ 어꾼

꺼 먼저 갈게요.

លាទៅមុនហើយ 리어 떠으 몬 하으이

커 또 만나요. 건강하세요.

ថែរក្សាសុខភាព។ ជួបគ្នាម្ដងទៀត។

타에 ㄹ렉싸 쏘커피읍. 쭈읍 크니어 머덩 띠을.

15

소개 1 ការណែនាំទី១ 까 나에노암 띠무어이

(이름, 나라 묻기 등)

- 이름이 뭐예요? **តើលោកឈ្មោះអ្វី?** 따으 록 추무어ㅎ 어(v)와이?

- 저의 이름은 ○○○ 입니다. **ខ្ញុំឈ្មោះ ○○○** 크놈 추무어ㅎ ○○○.

- 어느 나라 사람이에요? **តើអ្នកជាជនជាតិអ្វី?** 따으 네악 찌어 쭌찌읃 어(v)와이?

- 저는 ○○○ 나라사람입니다 (나라이름) **ខ្ញុំជាជនជាតិ ○○○**
  크놈 찌어 쭌찌읃 ○○○.

- 이것은 무엇입니까? (무엇) **តើនេះជាអ្វី?** 따으 니ㅎ 찌어 어(v)와이?

- 직업이 무엇입니까? **តើលោកធ្វើការអ្វី? / តើអ្នកមានមុខរបរអ្វី?**
  따으 록 트(v)브까 어(v)와이? 따으 네악 미언 목 ㅇ로버 어(v)와이?

- 캄보디아에 ○○○ 하러 왔어요. **ខ្ញុំមកធ្វើ ○○○ នៅប្រទេសខ្មែរ**
  크놈 목 트(v)브 ○○○ 너으 브러떼ㅎ 크마에

- 저는 ○○○ 일을 하고 있습니다. (직업소개) **ខ្ញុំកំពុងធ្វើ ○○○**
  크놈 껌뽕 트(v)브 ○○○.

- 저는 ○○○ 입니다. **ខ្ញុំគឺជា ○○○** 크놈 끄 찌어 ○○○.

- 저는 캄보디아어를 할 줄 알아요. **ខ្ញុំចេះភាសាខ្មែរ។** 크놈 쩨ㅎ 피어싸 크마에

제 2 과 **소개 1**

មេរៀនទី២ ការណែនាំទី១

메으리언 띠 삐 까 나에노암 띠무어이

ខ្ញុំឈ្មោះជីយ៉ុង។

꺼 안녕하세요? 이름이 뭐예요?

ជំរាបសួរ! តើលោកឈ្មោះអ្វី?

쭈음ㅇ립 쑤어! 따오 록 추무어ㅎ 어(v)와이?

커 제 이름은 <u>지영</u>입니다.

ខ្ញុំឈ្មោះជីយ៉ុង។ 크놈 추무어ㅎ 지영.

꺼 제 이름은 <u>다라</u>입니다. 어느 나라에서 왔어요?

ឈ្មោះរបស់ខ្ញុំគឺដារ៉ា។ តើអ្នកមកពីប្រទេសណា?

추무어ㅎ 으러버 크놈 끄 다라. 따오 네악 목 삐 브러떼ㅎ 나?

커 저는 <u>한국</u>에서 왔어요.

ខ្ញុំមកពីប្រទេសកូរ៉េ។ 크놈 목 삐 브러떼ㅎ 꼬레.

꺼 직업이 뭐예요?

តើលោកធ្វើការអ្វី? 따오 록 트(v)브까 어(v)와이?

꺼 제 직업은 <u>선생님</u>입니다.

ការងាររបស់ខ្ញុំគឺគ្រូបង្រៀន។

까 응이어 으러버 크놈 끄 끄루 벙리언.

패턴 1

꺼 안녕하세요? 이름이 뭐예요?

ជំរាបសួរ! តើលោកឈ្មោះអ្វី?

쭈음 ㅡ립 쑤어 ! 따으 록 추무어ㅎ 어(v)와이?

커 제 이름은 <u>지영</u>입니다.

ខ្ញុំឈ្មោះជីយ៉ង។ 크놈 추무어ㅎ 지영.

‼ 설명

** 의문사 : 무엇 **អ្វី** 어(v)와이

예) 이것은 무엇입니까? **នេះជាអ្វី?** 니ㅎ 찌어 어(v)와이?

이것은 책입니다. **នេះជាសៀវភៅ។** 니ㅎ 찌어 씨어우퍼으.

패턴 2

꺼 제 이름은 <u>다라</u>입니다. 어느 나라에서 왔어요?

ឈ្មោះរបស់ខ្ញុំគឺជារ៉ា។ តើអ្នកមកពីប្រទេសណា?

추무어ㅎ ㅡ러버 크놈 끄 다라. 따으 네악 목삐 브러떼ㅎ 나?

커 저는 <u>한국</u>에서 왔어요.

ខ្ញុំមកពីប្រទេសកូរ៉េ។

크놈 목 삐 브러떼ㅎ 꼬레.

!! 설명

** 의문사 : 어느/어떤 ម្យួណា, ណា 무어이 나, 나

예) 어떤 남자를 좋아합니까?

តើអ្នកចូលចិត្តមនុស្សប្រុសបែបណា?

따오 네악 쪼올쩓 머누ㅎ보러ㅎ 바엡 나?

예) 어느 곳을 가요?

ទៅកន្លែងណា? 떠으 껀라잉 나?

** 문법 : ~에서 오다   ~មក/មកពី 목, 목 삐

예) 학교에서 왔어요.

ខ្ញុំមកពីសាលារៀន។ 크놈 목 삐 쌀라 리언.

예) 집에서 가져왔어요.

ខ្ញុំយកមកពីផ្ទះ។ 크놈 욕 목 삐 프떼아ㅎ.

Tip!

나라설명 ប្រទេស 브러떼ㅎ

▶ 한국
ក្វរ៉េ 꼬레

▶ 캄보디아
កម្ពុជា(ខ្មែរ) 껌뿌찌어(크마에)

▶ 일본
ជប៉ុន 쩌뽄

▶ 미국
អាមេរិក 아메ㅡ릭

▶ 독일
អាឡឺម៉ង់ 알르멍

▶ 러시아
រ៉ុស្ស៊ី ㅇ로씨

▶ 중국
ចិន 찐

▶ 베트남
វៀតណាម 웨엇남

▶ 캐나다
កាណាដា 까나다

▶ 태국
ថៃ 타이

▶ 라오스
ឡាវ 라우

▶ 호주
អូស្ត្រាលី 오우 쓰뜨랄리

▶ 미얀마
មីយ៉ាន់ម៉ា 미얀마

▶ 몽골
ម៉ុងហ្គោលី 몽꼴

▶ 말레이시아
ម៉ាឡេស៊ី 말레

패턴 3

 직업이 뭐예요?

តើលោកធ្វើការអ្វី? 따으 록 트(v)브까 어(v)와이?

 제 직업은 선생님입니다.

ការងាររបស់ខ្ញុំគឺគ្រូបង្រៀន។

까 응이어 ㄹ러버 크놈 끄 끄루 벙리언.

Tip!

직업종류 មុខរបរ

▶ 선생님
គ្រូបង្រៀន 끄루벙리언

▶ 대학생
និស្សិត 니썰

▶ 요리사
ចុងភៅ 쫑퍼으

▶ 농부
កសិករ 까씨꺼

▶ 경찰
ប៉ូលីស 뽈리

▶ 기술자
ជាង 찌응

▶ 기자
អ្នកកាសែត 네악까싸엘

▶ 회사원
បុគ្គលិកក្រមហ៊ុន 복껄륵끄롬훈

▶ 사업가
អ្នកជំនួញ 네악쭘누인

▶ 의사
គ្រូពេទ្យ 끄루뻴

▶ 사장
ថៅកែ 타으까에

▶ 공무원
មន្ត្រី 문뜨레이

▶ 운전사
អ្នកបើកឡាន 네악바윽란

▶ 회계사
គណនេយ្យករ 끼억너 너이여꺼

▶ 선교사
អ្នកផ្សាយដំណឹងល្អ(បេសកជន)
네악 프싸이 덤넝 러어(빠쓰꺼쭌)

22

응용회화

꺼 저 사람은 누구입니까?

តើគាត់ជានរណា? 따으 꼬앋 찌어 노나?

커 제 선생님입니다.

គ្រូរបស់ខ្ញុំ។ 끄루 로버 크놈.

꺼 캄보디아에 왜 왔어요?

ហេតុអ្វីអ្នកមកប្រទេសខ្មែរ?

하엩어(v)와이 네악 목 브러떼ㅎ 크마에?

커 캄보디아에서 공부하고 있어요.

ខ្ញុំកំពុងរៀននៅប្រទេសខ្មែរ។

크놈 껌뽕 리언 너으 브러떼ㅎ 크마에.

꺼 캄보디아어 할 줄 아세요?

តើអ្នកចេះភាសាខ្មែរទេ? 따으 네악 째ㅎ 피어싸 크마에 떼?

커 네, 캄보디아어를 조금 할 줄 알아요.

ចាស់ខ្ញុំចេះភាសាខ្មែរតិចៗ។ 짜ㅎ 크놈 째ㅎ 피어싸 크마에 떽떽.

꺼 대단해요. 멋져요!

អស្ចារ្យណាស់! ល្អមែនទែន។ 어짜ㅎ 나! 러어 멘 뗀.

숫자 លេខ 레잌
(숫자 표현, 단위 수량 표현 등)

- 기본 숫자 읽는 방법 **របៀបអានលេខ** 으로비읍 안 레잌

- 서수 읽기 **ការអានជាលំដាប់** 까 안 찌어 룸답

- 단위 말하기 **ការនិយាយពីវត្ថុមួយៗ** 까 닉예이 삐 (v)왿토 무어이 무어이

- ○○○ 이/가 있어요? / 없어요? **តើអ្នកមាន○○○ទេ? /**
  តើលោកអ្នកត់មាន○○○ទេ?
  따으 네악 미언 ○○○ 떼? 따으 록 엇 미언 ○○○ 떼?

- ○○○ 주세요. **សូមអោយ○○○** 쏨 아오이 ○○○

- 전화번호가 몇 번이에요? **តើ ទូរស័ព្ទលេខប៉ុន្មាន?**
  따으 뚜으르쌉 레잌 뽄만?

- 제 전화번호는 ○○○-○○○-○○○ 입니다.
  លេខទូរស័ព្ទខ្ញុំគឺ ○○○-○○○-○○○។
  레잌 뚜으르쌉 크놈 끄 ○○○-○○○-○○○.

- 나이가 어떻게 되세요? **តើអ្នកអាយុប៉ុន្មាន?** 따으 네악 아유 뽄만?

- 저는 ○○세입니다. **ខ្ញុំអាយុ○○ឆ្នាំ(ហើយ)។** 크놈 아유 ○○츠남(하으이)

Lesson **03**

제 3 과 **숫자**

មេរៀនទី៣ លេខ

메᫖리언 띠 바이 레익

꺼 연필이 있어요?

តើមានខ្មៅដៃទេ?

따으 미언 크마으 다이 떼?

커 네, 있어요. 몇 개 드릴까요?

បាទ, មាន។ ត្រូវការប៉ុន្មានដើម?

밧, 미언. 뚜러(v)우까 뽄만 다음?

꺼 3개 주세요.

សូមរោាយបីដើម។ 쏘옴 아오이 바이 다음.

커 5000리엘입니다.

៥ពាន់រៀល។ 쁘람뽀안 ㅇ리엘.

꺼 아, 공책도 있나요?

អា! មានសៀវភៅសរសេរទេ?

아! 미언 씨어(v)우퍼우 써쎄 떼?

커 공책은 없어요. 죄송합니다.

អត់មាន សៀវភៅសរសេរទេ។ សូមទោស។

얻미언 씨어(v)우퍼우 써쎄 떼. 쏨또ㅎ.

패턴 1 ○○

꺼 연필이 있어요?

តើមានខ្មៅដៃទេ?

따으 미언 크마으 다이 떼?

커 네, 있어요. 몇 개 드릴까요?

បាទ, មាន។ ត្រូវការប៉ុន្មានដើម?

받, 미언. 뜨라우까쁜만다음?

‖ 설명

** 있어요 / 없어요 **មាន** / **អត់មាន** 미언 / 얻미언

예) 저는 집 3채 있어요.
ខ្ញុំមាន ផ្ទះ៣ខ្នង។ 크놈 미언 프떼아흐 바이 크넝.

제 친구는 애인이 없어요.
ពួកម៉ាកខ្ញុំ អត់មានសង្សារ។ 뿌억막 크놈 얻미언 썽싸.

Tip!

단위 표현

▶ kg
គីឡូ 낄로

▶ m
ម៉ែត្រ 마엘

▶ cm
សង់ទីម៉ែត្រ 썽띠마엘

▶ 리터
លីត្រ 릴

▶ 명
ឆ្នាក់ 네악

▶ 병
ដប 덥

▶ 장
សន្លឹក 썬럭

▶ 그릇
ចាន 짠

▶ 100g
១ខាំ 무어이캄

▶ 쌍
គូ 꾸어

▶ 개
ដុំ 도움

▶ 마리
ក្បាល(សត្វ) 끄발(쌋)

▶ 캔
កំប៉ុង 껌뻥

▶ 부
ច្បាប់(ឯកសារ) 츠밥(아익꺼사)

▶ 잔
កែវ 까에(v)우

▶ 대(기계)
គ្រឿង(ម៉ាស៊ីន) 끄르응(마신)

▶ 채
ខ្នង(ផ្ទះ) 크넝(프떼아ᄒ)

예) 돼지고기 100g
សាច់ជ្រូក១ខាំ 쌎쭈륵 무어이 캄

콜라 2캔
កូកា ២កំប៉ុង 꼬까 삐 껌뻥

커피 5잔
កាហ្វេ ៥កែវ 까훼 쁘람 까에(v)우

패턴 2

꺼 3개 주세요.

សូមរេាយបីដើម។

쏘옴 아오이 바이 다음.

커 5000리엘입니다.

៥ពាន់រៀល។

쁘람뽀안 으리엘.

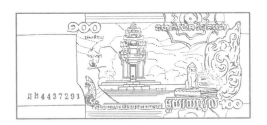

숫자표현 លេខ

Tip!

▶ 0	សូន្យ	쏘운	▶ 10	ដប់	덥
▶ 1	មួយ	무어이	▶ 20	ម្ភៃ	머페이
▶ 2	ពីរ	삐	▶ 30	សាមសិប	쌈썹
▶ 3	បី	바이	▶ 40	សែសិប	싸에썹
▶ 4	បួន	부언	▶ 50	ហាសិប	하썹
▶ 5	ប្រាំ	쁘람	▶ 60	ហុកសិប	혹썹
▶ 6	ប្រាំមួយ	쁘람무어이	▶ 70	ចិតសិប	쩔썹
▶ 7	ប្រាំពីរ	쁘람삐	▶ 80	ប៉ែតសិប	빠에썹
▶ 8	ប្រាំបី	쁘람바이	▶ 90	កៅសិប	까으썹
▶ 9	ប្រាំបួន	쁘람부언	▶ 100	មួយរយ	무어이으러이

> ▶ 1,000 **ម្មួយពាន់** 무어이뿌안 | ▶ 100,000 **ម្មួយសែន** 무어이싸엔
> ▶ 10,000 **ម្មួយម៉ឺន** 무어이머은 | ▶ 1,000,000 **ម្មួយលាន** 무어이리엔

‖ 설명

** 문법 : ~주세요. **សូមអោយ** ○○○ 쏘옴 아오이 ○○○

예) 물 주세요. **សូមអោយទឹក** 쏘옴 아오이 뜩

돈 좀 주세요. **សូមអោយលុយ** 쏘옴 아오이 로이

패턴 3 ○○

 아, 공책도 있나요?

អា! ចុះមានសៀវភៅសរសេរទេ?

아! 쪼ㅎ 미언 씨어(v)우퍼우 써쎄 떼?

 공책은 없어요. 죄송합니다.

អត់មាន សៀវភៅសរសេរទេ។ សូមទោស។

얻미언 씨어(v)우퍼우 써쎄 떼. 쏨또ㅎ.

‖ 설명

** 문법 : ~와/과 **ជាម្មួយ / និង** 찌어무어이 / 능

예) 연필 3개와 공책 2권 주세요.

សូមអោយ សៀវភៅសរសេរ ពីរក្បាល ជាម្មួយខ្មៅដែ បីដើម។
쏘옴 아오이 씨어(v)우퍼우써쎄 삐 끄발 찌어무어이 크마으 다이 바이 다음.

응용회화

꺼 나이가 어떻게 되세요?

 តើលោកអាយុប៉ុន្មាន? 따으 록 아유 뽄만?

커 저는 <u>36</u>세입니다.

ខ្ញុំអាយុ<u>៣៦</u>ឆ្នាំ។ 크놈 아유 쌈썹 쁘람무어이 츠남.

꺼 오! 젊어 보여요!

អូ! មើលទៅក្មេងណាស់។ 오! 모을따우끄멩나ㅅ.

꺼 전화번호가 몇 번이에요?

តើ ទូរស័ព្ទលេខប៉ុន្មាន? 따으 뚜르쌉 레익 뽄만?

커 제 번호는 <u>012-349-862</u>이에요.

លេខទូរស័ព្ទខ្ញុំ<u>០១២-៣៤៩-៨៦២</u>។ 레익 뚜르쌉 크놈 쏘온 덥삐-바이ㅇ러이 싸에썹 쁘람 부언-쁘람바이ㅇ러이 혹썹 삐.

(직업, 방문이유, 가족소개, 전공 등)

- 저 사람은 누구입니까? (이/그/저) **តើមនុស្សម្នាក់នោះ ជានរណា?**
  따으 머누ㅎ 머네악 누ㅎ 찌어 노나?

- 그는 제 오빠입니다. **គាត់ជាបង (ប្រុសរបស់ខ្ញុំ។** 꼬앋 찌어 벙 보러ㅎ 으러버 크놈.

- 우리 가족은 5명 입니다. (가족구성) **គ្រួសារខ្ញុំមាន៥នាក់។**
  끄루어싸 크놈 미언 쁘람 네악.

- 형제가 어떻게 되세요? **តើអ្នកមានបងប្អូនប៉ុន្មាននាក់?**
  따으 네악 미언 벙쁘온 쁜만 네악?

- 그분은 누구십니까? (누구) **តើគាត់ជានរណា?** 따으 꼬앋 찌어 노나?

- 그는 제 남동생입니다. **គាត់ជាប្អូន (ប្រុសរបស់ខ្ញុំ។**
  꼬앋 찌어 쁘운 보러ㅎ 으러버 크놈.

- 저는 미혼입니다. **ខ្ញុំនៅលីវ។** 크놈 너우 리(v)우.

- 고향이 어디입니까? (어디) **តើ (ស្រុកកំណើតនៅឯណា?**
  따으 쓰록 껌나읃 너으 아에 나?

- 어디에 사세요? **តើអ្នករស់នៅឯណា?** 따으 네악 으루어너으 아에 나?

- 저는 지금 프놈펜에 살고 있습니다. **ខ្ញុំកំពុងរស់នៅ (ក្រុងភ្នំពេញ ។**
  크놈 껌뽕 으루어너으 끄롱 프놈뻰.

- 저의 고향은 서울입니다. **ស្រុកកំណើតរបស់ខ្ញុំនៅ (ក្រុងសេអ៊ុល។**
  쓰록 껌나읃 으러버 크놈 너으 끄롱 세울.

- 제 동생은 대학생입니다. ○○○ 을 공부하고 있어요.(전공)

ប្អូន (ប្រុសរបស់ខ្ញុំគឺជានិស្សិត។ គេកំពុងរៀន (ថ្នែក) ○○○ ។
뽀운 쁘러ㅎ 으러버 크놈 끄 찌어 니썯. 께 껌뽕 으리언 (프나엑)○○○.

제 4 과 **소개 2**

មេរៀនទី៤ ការណែនាំ ទី២

메ㅇ리언 띠 부언 까 나에노암 띠삐

기본회화

꺼 가족사진이군요! 이 분은 누구십니까?

> រូបថតគ្រួសារ! គាត់នេះជាអ្នកណា?

루텉 끄루어싸! 꼬앝 니ㅎ 찌어 노나?

커 이 분은 제 아버지십니다. 우리 부모님은 서울에 살고 있습니다.

> គាត់នេះ គឺជាលោកប៉ារបស់ខ្ញុំ។
> ប៉ាម៉ាក់របស់ខ្ញុំកំពុងរស់នៅក្រុងសេអ៊ូល។

꼬앝 니ㅎ 끄 찌어 록 빠 ㅇ러버 크놈. 빠 막 ㅇ러버ㅎ 크놈 껌뽕 ㅇ루어너ㅇ 끄롱 세울.

꺼 아, 그렇군요. 형제가 어떻게 되세요?

> អា,ចឹងប៉ា ។ មានបងប្អូនប៉ុន្មាននាក់?

아, 쯩어. 미언 벙뽀운 뽄만 네악?

커 저는 1남 2녀 중 둘째입니다.

> ខ្ញុំមាន (ប្រុស១) (ស្រី២) ក្នុងចំណោមនោះខ្ញុំជាកូនទី២។
> (ខ្ញុំមានបងប្អូន៣នាក់.)

크놈 미언 보러ㅎ 무어이 쓰레이 삐 크농 쩜나옴 누ㅎ 크놈 찌어 꼰 띠 삐.
(크놈 미언 벙뽀운 바이 네악.)

꺼 고향이 어디예요?

> តើស្រុកកំណើតនៅឯណា? 따으 쓰록 껌나읃 너으 아에 나?

커 제 고향은 프놈펜입니다.

> ស្រុកកំណើតខ្ញុំនៅ ក្រុងភ្នំពេញ។

쓰록 껌나읃 크놈 너으 끄롱 프놈뻰.

패턴 1

꺼 가족사진이군요! 이 분은 누구십니까?

រូបថត គ្រួសារ! គាត់នេះជានរណា?

룹텉 끄루어싸! 꼬앋 니ㅎ 찌어 노나?

커 이 분은 제 아버지십니다. 우리 부모님은 서울에 살고 있습니다.

គាត់នេះ គឺជាលោកប៉ារបស់ខ្ញុំ។
ប៉ាម៉ាក់របស់ខ្ញុំកំពុងរស់នៅក្រុងសេអ៊ីល។

꼬앋 니ㅎ 끄 찌어 록 빠 으러버 크놈. 빠 막 으러버ㅎ 크놈 껌뿡 으루어너으 끄롱 세울.

‖ 설명

** 문법 : 누구 = **នរណា / អ្នកណា**   노나 / 네악 나

예) 이 사람은 누구입니까?

តើម្នាក់នេះជាអ្នកណា?   따으 머네악 니ㅎ 찌어 네악 나?

이 사람은 제 동생입니다.

ម្នាក់នេះគឺជាប្អូនរបស់ខ្ញុំ។   머네악 니ㅎ 끄 찌어 뽀운 으러버 크놈.

** 문법 : 이 / 그 / 저 = **នេះ / នឹង (ហ្នឹង) / នោះ**   니ㅎ / 능 / 누ㅎ

예) 이 것은 무엇입니까?

តើនេះជាអ្វី?   따으 니ㅎ 찌어 어(v)와이?

이 것은 저의 가방입니다.

នេះគឺជាកាបូបរបស់ខ្ញុំ។   니ㅎ 끄 찌어 까봅 로버ㅅ 크놈.

저 사람은 누구입니까?

តើមនុស្សម្នាក់នោះជានរណា?   따으 모누ㅎ 머네악 누ㅎ 찌어 노나?

저 사람은 저의 애인입니다.

មនុស្សម្នាក់នោះគឺជាសង្សាររបស់ខ្ញុំ។
모누ㅎ 머네악 누ㅎ 끄 찌어 썽싸 으러버 크놈.

** 문법 : 계세요 / 안 계세요 = *រស់នៅ / អត់រស់នៅ* 루어너으 / 얻 으루어너으

예) 오빠는 깜뽓에 살고 있어요 = 오빠는 깜뽓에 있어요

បងប្រុសខ្ញុំកំពុងរស់នៅ ខេត្តកំពត = បងប្រុសខ្ញុំនៅ ខេត្តកំពត

벙 보러ㅎ 크놈 껌뿡 으루어너으 카엩 껌뽇 = 벙 보러ㅎ 크놈 너으 카엩 껌뽇.

패턴 2 ○○○○○○○○○○○○○○○○○○○○○○○○○○○○○○○○○○○○

꺼 아, 그렇군요. 형제가 어떻게 되세요?

អា, អញ្ចឹងផង។ មានបងប្អូនប៉ុន្មាននាក់?

아, 안쯩퍼엉. 미언 벙뽀운 뿐만 네악?

꺼 저는 1남 2녀 중 둘째입니다.

ខ្ញុំមាន ប្រុស១ ស្រី២
ក្នុងចំណោមនោះខ្ញុំជាកូនទី២។
(ខ្ញុំមានបងប្អូន3នាក់.)

크놈 미언 보러ㅎ 무어이 쓰레이 삐 크농 쩜나옴 누ㅎ 크놈 찌어 꼰 띠 삐.
(크놈 미언 벙뽀운 바이 네악.)

** 가족소개표현 *អនុវត្តន៍ការណែនាំគ្រួសារ* 아누(v)왇 까 나에노암 끄루어싸

예) 우리 가족은 5명입니다.

គ្រួសារខ្ញុំមាន5នាក់។ 끄루어싸 크놈 미언 쁘람 네악.

예) 부모님은 시엠립에 계시고 우리형제는 모두 프놈펜에서 일하고 있습니다.

ឪពុកម្ដាយខ្ញុំនៅសៀមរាប បងប្អូនរបស់ខ្ញុំទាំងអស់ធ្វើការនៅភ្នំពេញ។

어으뻑 머다이 크놈 너으 씨엠립, 벙뽀운 으러버 크놈 떼앙 어ㅎ 트(v)브까 너으 프놈뻰.

부모님은 농부입니다. 언니는 은행원이고 남동생은 대학생입니다.

ឪពុកម្ដាយខ្ញុំជាកសិករ ។ បងស្រីជាបុគ្គលិកធនាគារ
ហើយប្អូនប្រសជានិស្សិត។

어으뻑 머다이 크놈 찌어 까쎄꺼. 벙 쓰레이 찌어 복껄륵 터니어끼어
하으이 뽀운 보러ㅎ 찌어 니썰.

가족 គ្រួសារ 끄루어싸

▶ 아버지
ឪពុក(ប៉ា) 어으뻑(빠)

▶ 어머니
ម្ដាយ(ម៉ាក់, ម៉ែ)
머다이(막, 마에)

▶ 언니(누나)
បងស្រី 벙쓰레이

▶ 오빠(형)
បងប្រស 벙보러ㅎ

▶ 남동생
ប្អូនប្រស 뽀운보러ㅎ

▶ 여동생
ប្អូនស្រី 뽀운쓰레이

▶ 할아버지
តា 따

▶ 할머니
យាយ 예이

▶ 이모(고모)
មីង 밍

▶ 삼촌, 아저씨
ពូ 뿌

▶ 사촌
ជីដូនម្ដួយ 찌돈무어이

▶ 조카
ក្មួយ 크무어이

패턴 3

꺼 고향이 어디예요?

តើស្រុកកំណើតនៅឯណា?

따으 쓰룩 껌나읃 너으 아에 나?

커 제 고향은 프놈펜입니다.

ស្រុកកំណើតខ្ញុំនៅ ក្រុងភ្នំពេញ។

쓰룩 껌나읃 크놈 너으 끄롱 프놈뻰.

‼ 설명

** 문법 : 어디 = ឯណា? 아에나?

예) 이 곳은 어디입니까?

តើកន្លែងនេះនៅឯណា? 따으 껀라잉 니ㅎ 너으 아에 나?

이 곳은 은행입니다.

កន្លែងនេះនៅធនាគារ។ 껀라잉 니ㅎ 너으 터니어끼어.

장소 ទីកន្លែង 띠껀라잉

▶ 은행
ធនាគារ 터니어끼어

▶ 교실
បន្ទប់រៀន 번똡으리언

▶ 대사관
ស្ថានទូត 쓰탄뚣

▶ 병원
មន្ទីរពេទ្យ 문띠뼅

▶ 호텔
សណ្ឋាគារ 싼타끼어

▶ 절
វត្ត (v)왈

▶ 왕궁
វាំង (v)웨앙

▶ 식당
ភោជនីយដ្ឋាន 포쪼니요탄

▶ 학교
សាលារៀន 쌀라으리언

▶ 시장
ផ្សារ ㅍ싸

▶ 경찰서
ប៉ុស្តិ៍ប៉ូលិស 뽀ㅎ뽈리

▶ 박물관
សារមន្ទីរ 싸라문띠

▶ 우체국
ប្រៃសនីយ៍ 쁘레이쓰니

▶ 약국
ឱសថស្ថាន 아오썯쓰탄

▶ 공항
ព្រលានយន្តហោះ
쁘러리언윤허ㅎ

39

응용회화

꺼 결혼 하셨나요?

តើរៀបការហើយនៅ? 따으 으리읍까 하으이 너으?

커 아직이요. 저는 미혼입니다.

មិនទាន់ទេ។ ខ្ញុំនៅលីវ។ 먼 또안떼. 크놈 너으 리(v)우.

꺼 가족 소개 부탁 드려요.

សូមណែនាំគ្រួសារផង។ 쏨 나에노암 끄루어싸 펑.

커 네, 우리가족은 4명입니다. 아버지, 어머니, 언니, 그리고 저입니다.

ចាស់, គ្រួសារខ្ញុំមាន ៤នាក់។ មាន ប៉ា ម៉ាក់ បងស្រី និងខ្ញុំ។

짜, 끄루어싸 크놈 미언 부언네악. 미언 빠 막 벙쓰레이 능 크놈.

꺼 동생은 무슨 일을 해요?

តើប្អូនអ្នកធ្វើការអ្វី? 따으 뽀운 네악 트(v)브까 어(v)와이?

커 동생은 지금 대학생입니다.

ប្អូនខ្ញុំឥឡូវនេះជានិសិស្ស។

뽀운 크놈 에이러(v)우니ㅎ 쯔 찌어 니썬.

왕립프놈펜대학교에서 경영학과를 다니고 있어요.

គាត់កំពុងរៀននៅសកលវិទ្យាល័យរ៉ូយ៉ាល់ភ្នំពេញថ្នែកជំនួញ។

꼬앋 껌뿡 으리언 너으 싸껄(v)윗찌어라이 으로얄프놈뻰 프나엑 쭘누인.

Tip!

전 공 ថ្នែក

▶ 국어
ភាសា 피어싸

▶ 외국어
ភាសាបរទេស 피어싸버로떼

▶ 수학
គណិតវិទ្យា 꺼넫(v)위찌어

▶ 사회
សង្គម 썽꼼

▶ 건축
សាងសង់ 쌍썽

▶ 지리
ភូមិវិទ្យា 폼(v)위찌어

▶ 역사
ប្រវត្តិសាស្ត្រ 브러(v)왿떼싸

▶ 미술
សិល្បៈ 썰로빠ㄱ

▶ 관광
ទេសចរណ៍ 떼쓰쪄

▶ 경영
គ្រប់គ្រង 끄롭끄롱

▶ 도덕
សីលធម៌ 싸일로토아

▶ 화학
គីមីវិទ្យា 끼미(v)위찌어

▶ 회계
គណនេយ្យ 께아네아네이

▶ 의학
ពេទ្យ 뻳

▶ 경제
សេដ្ឋកិច្ច 쎄타낃

41

날짜와 시간 ថ្ងៃខែ និងពេលវេលា 틍아이카에 능 뻴(v)윌리어

(날짜 묻기, 시간 묻기 등)

- 오늘 며칠이에요? **តើថ្ងៃនេះជាថ្ងៃទីខែប៉ុន្មាន?**

  따으 틍아이 니ㅎ 찌어 틍아이 띠 카에 뽄만?

- 오늘은 1월 27일입니다. (달) **ថ្ងៃនេះជាថ្ងៃទី២៧ ខែមករា។**

  틍아이 니ㅎ 찌어 틍아이 띠 모페이 쁘람삐 카에 마까라.

- 생일이 언제예요? **តើខួបកំណើតនៅពេលណា?** 따으 쿠읍 껌나읃 너으 뻴나?

- 다음 주에 회의가 있어요. **មានការប្រជុំនៅអាទិត្យក្រោយ។**

  미언 까브로쭘 너으 아뜯 끄라우이.

- 무슨 요일이에요? **តើថ្ងៃណា? / តើថ្ងៃនេះជាថ្ងៃអ្វី?**

  따으 틍아이 나? 따으 틍아이니ㅎ 찌어 틍아이어(v)와이?

- 오늘은 월요일이에요. **ថ្ងៃនេះជាថ្ងៃចន្ទ។** 틍아이 니ㅎ 찌어 틍아이 짠.

- 지금 몇 시입니까? **តើពេលវេលានេះម៉ោងប៉ុន្មាន?** 따으 에이러(v)우니ㅎ 마옹 뽄만?

- 지금 4시 35분입니다. **ពេលវេលានេះម៉ោង បួន សាមសិបប្រាំនាទី។**

  에이러(v)우니ㅎ 마옹 부운 쌈썹쁘람 니어띠.

- 학교에 몇 시까지 가야 해요? **តើត្រូវទៅដល់សាលានៅម៉ោងប៉ុន្មាន?**

  따으 뜨러(v)우 떠으 덜 쌀라 너으 마옹 뽄만?

- 제 시계는 5분 빨라요/느려요. **ម៉ោងនាឡិការបស់ខ្ញុំលឿន / យឺត ប្រាំនាទី។**

  마옹 니어리까 ㅇ러버 크놈 르은 / 여읃 쁘람니어띠.

- 보통 몇 시에 일어나요? **តើជាធម្មតាភ្ញាក់ម៉ោងប៉ុន្មាន?**

  따으 찌어 토암마다 프녜악 마옹 뽄만?

- 늦었어요. **យឺតហើយ!** 여읃 허이.

- 천천히 가도 괜찮아요. **ទៅយឺតៗក៏មិនអ្វីដែរ។** 다우 여읃여읃 꺼 믄 아이 다에.

Lesson **05**

제 5 과 **날짜와 시간**

មេរៀនទី៥ ថ្ងៃខែ និងពេលវេលា

메ᴗ리언 띠 쁘람 틍아이 카에 능 뻴(v)윌리어

기본회화

꺼 오늘 며칠이에요?

តើថ្ងៃនេះជាថ្ងៃទីខែប៉ុន្មាន?

따으 틍아이 니ㅎ 찌어 틍아이 띠 카에 뽄만?

커 11월 3일입니다. 왜요?

ថ្ងៃទីបីខែវិច្ឆិកា។ ហេតុអ្វី?

틍아이 띠 바이 카에 (v)윗치까. 하엘어(v)와이?

꺼 오늘 친구가 놀러 오기로 했어요. 지금 몇 시예요?

ថ្ងៃនេះបានណាត់ជាមួយមិត្តភក្តិមកដើរលេង។
តើឥឡូវនេះម៉ោងប៉ុន្មាន?

틍아이니ㅎ 반 낟 찌어무어이 먿페악 목 다으랭. 따으 에이러(v)우 니ㅎ 마옹 뽄만?

커 지금 3시 50분입니다.

ឥឡូវនេះម៉ោង បី ហាសិបនាទី។

에이러(v)우니ㅎ 마옹 바이 하썹 니어띠.

꺼 오!! 친구가 도착할 시간이에요. 늦었어요!

អូ!! ដល់ម៉ោងដែលមិត្តភក្តិមក។ យឺតពេលហើយ។

오! 덜 마옹 다엘 먿페악 목. 여읃 뻴 허이.

커 빨리 가세요.

ទៅរួសរាយឡើន។

떠으 아오이 르은.

패턴 1

꺼 오늘 며칠이에요?

តើថ្ងៃនេះជាថ្ងៃទីខែប៉ុន្មាន?

따으 틍아이 니ㅎ 찌어 틍아이 띠 카에 뽄만?

커 11월 3일입니다. 왜요?

ថ្ងៃទីបីខែវិច្ឆិកា។ ហេតុអ្វី?

틍아이 띠 바이 카에 (v)윗치까. 하엘어(v)와이?

‖ 설명

** 문법 : 날짜 말하기 = ថ្ងៃខែ(និយាយអំពីកាលបរិច្ឆេទ)
틍아이 카이(니예이 엄삐 깔바릇차엩)

예) 캄보디아 물축제가 며칠이에요?

តើប្រទេសកម្ពុជាបុណ្យអុំទូកនៅថ្ងៃទីខែប៉ុន្មាន?

따으 브러떼 껌뿌찌아 본옴뚝 너으 틍아이띠 카에 뽄만?

11월 2일부터 5일까지예요.

ពីថ្ងៃទី ពីរ ដល់ថ្ងៃទី ប្រាំខែ វិច្ឆិកា។

삐 틍아이 띠 삐 덜 틍아이 띠 쁘람 카에 (v)윗치까.

Tip!

▶ 그저께
ម្សិលម្ងៃ 머썰믕아이

▶ 오늘
ថ្ងៃនេះ 틍아이니ㅎ

▶ 어제
ម្សិលមិញ 머썰멘

▶ 내일
ថ្ងៃស្អែក 틍아이 싸엑

▶ 모레
ថ្ងៃខានស្អែក 틍아이 칸싸엑

Tip!

▶ 1월
ខែមករា 카에막까라

▶ 2월
ខែកុម្ភៈ 카에 꼼피악

▶ 3월
ខែមិនា 카에미니어

▶ 4월
ខែមេសា 카에메싸

▶ 5월
ខែឧសភា 카에우써피어

▶ 6월
ខែមិថុនា 카에미토나

▶ 7월
ខែកក្កដា 카에깍까다

▶ 8월
ខែសីហា 카에싸이하

▶ 9월
ខែកញ្ញា 카에깐냐

▶ 10월
ខែតុលា 카에똘라

▶ 11월
ខែវិច្ឆិកា 카에(v)윗치까

▶ 12월
ខែធ្នូ 카에투누

Tip!

▶ 지난주
អាទិត្យមុន 아뜯몬

▶ 이번주
អាទិត្យនេះ 아뜯니ㅎ

▶ 다음주
អាទិត្យក្រោយ 아뜯끄라우이

▶ 일
ថ្ងៃ 틍아이띠

▶ 월
ខែ 카에

▶ 년
ឆ្នាំ 츠남

때 ពេល

▶ 이른 아침
ពេលព្រលឹម 뻴쁘럴름

▶ 새벽
ពេលទៀបភ្លឺ 뻴띠웁 플르

▶ 오전
ពេលព្រឹក 뻴쁘륵

▶ 저녁
ពេលល្ងាច 뻴릉이웇

▶ 정오
ពេលថ្ងៃត្រង់ 뻴틍아이뜨렁

▶ 낮
ពេលថ្ងៃ 뻴틍아이

▶ 오후
ពេលរសៀល 뻴으러씨얼

▶ 밤
ពេលយប់ 뻴욥

패턴 2

꺼 오늘 친구가 놀러 오기로 했어요. 지금 몇 시예요?

ថ្ងៃនេះបានណាត់ជាមួយមិត្តភក្តិមកដើរ
លេង។ តើឥឡូវនេះម៉ោងប៉ុន្មាន?

틍아이니ㅎ 반 낟 찌어무어이 먿페악 목 다으랭. 따으 에이러(v)우니ㅎ 마옹 뽄만?

커 지금 3시 50분입니다.

ឥឡូវនេះ ម៉ោងបីហាសិបនាទី។

에이러(v)우니ㅎ 마옹 바이 하썹 니어띠.

‖ 설명

** 문법 : 시간 말하기 = **និយាយអំពីម៉ោង**
니예이 엉삐 마옹

예) 지금 몇 시예요?
តើឥឡូវនេះម៉ោងប៉ុន្មាន?   따으 에이러(v)우니ㅎ 마옹 뽄만?

11시 30분이에요.
ម៉ោងដប់មួយ សាមសិបនាទី = ម៉ោងដប់មួយ កន្លះ។
마옹 덥무어이 쌈썹 니어띠 = 마옹 덥무어이 껀라ㅎ.

Tip!

▶ 정각	▶ 10분 전	▶ 30분
គត់	**មុន ដប់នាទី**	**សាមសិបនាទី(កន្លះ)**
꼳	몬 덥니어띠	쌈썹 니어띠(껀라ㅎ)

패턴 3

 꺼 오!! 친구가 도착할 시간이에요. 늦었어요!

អូ!! ដល់ម៉ោងដែលមិត្តភក្តិមក។
យឺតពេលហើយ!

오! 덜 마옹 다엘 먿페악 목. 여읃 뺄 허이 !

커 빨리 가세요.

ទៅរេរាយលឿន។

따우 어이 르은.

‖ 설명

** 빠른 **លឿន** 르은 ↔ 천천히(느린) **យឺត / ម្លួយៗ** 여읃 / 무이무이

예) 빨리 가요. **ទៅលឿន** 따우 아오이 르은

빨리 말해요. **និយាយលឿន** 니예이 르은

천천히 가요. **ទៅយឺត** 떠으 여읃

천천히 말해요. **និយាយយឺត** 니예이 여읃

(곧 시간이)가까워 졌어요. **ជិតដល់ម៉ោងហើយ។** 쯛 덜 마옹 하으이

점심시간이 다됐어요.

ដល់ម៉ោង ញ៉ាំបាយថ្ងៃត្រង់ 덜 마옹 냠바이 틍아이 뜨렁

약속시간이 다됐어요.

ដល់ម៉ោងណាត់ 덜 마옹 낟

응용회화

꺼 오늘 무슨 요일이에요?

តើថ្ងៃនេះជាថ្ងៃអ្វី? 따으 틍아이니ㅎ 찌어 틍아이 어(v)와이?

커 오늘은 화요일입니다.

ថ្ងៃនេះជាថ្ងៃអង្គារ។ 따으 틍아이니ㅎ 찌어 틍아이 엉끼어.

꺼 생일이 언제예요?

តើខួបកំណើតនៅពេលណា? 따으 쿠읍 껌나읃 너으 삘 나?

커 제 생일은 10월 9일입니다.

ខួបកំណើតរបស់ខ្ញុំនៅថ្ងៃទី ប្រាំបួន ខែតុលា។

쿠읍 껌나읃 ㅇ러버 크놈 너으 틍아이띠 쁘람부언 카에 똘라.

꺼 이 행사는 언제부터 언제까지예요?

កម្មវិធីនេះចាប់ផ្តើមពីពេលណា ដល់ពេលណា? 깜(v)위티니ㅎ 짭프담 삐 삘나 덜 삘나?

커 오늘부터 다음주 화요일까지예요.

ចាប់ផ្តើមពីថ្ងៃនេះដល់ថ្ងៃអង្គារ អាទិត្យក្រោយ។

짭프담 삐 틍아이니ㅎ 덜 틍아이 엉끼어 아띧 끄라우이.

Tip!

▶ 월요일

ថ្ងៃច័ន្ទ 틍아이짠

▶ 화요일

ថ្ងៃអង្គារ 틍아이엉끼어

▶ 수요일

ថ្ងៃពុធ 틍아이뿐

▶ 목요일

ថ្ងៃព្រហស្បតិ៍

틍아이쁘러호아

▶ 금요일

ថ្ងៃសុក្រ 틍아이쏙

▶ 토요일

ថ្ងៃសៅរ៍ 틍아이싸으

▶ 일요일

ថ្ងៃអាទិត្យ 틍아이아뜬

쇼핑 ការដើរទិញផ្សារ 까 다으뗀 에이(v)완

(구입, 교환, 반품, 옷, 색깔 등)

- 긴 바지가 있어요? **មានខោជើងវែងទេ?**
  미언 카오 쯔응 (v)웨잉 떼?

- 무슨 색깔 있어요? **មានពណ៌អ្វី?** 미언 뽀아 어(v)와이?

- 저는 흰색을 좋아해요. (색) **ខ្ញុំចូលចិត្តពណ៌ស។** 크놈 쪼울쩔 뽀아 써.

- 사이즈는 S이에요. **ទំហំ S ។** 뚬홈 S.

- 큰 사이즈/작은 사이즈 있어요? **តើមានលេខធំ / តូចទេ?**
  따으 미언 레익 톰/또읓 떼?

- 다른 색으로 바꾸고 싶어요. **ខ្ញុំចង់ប្ដូរ យកពណ៌ផ្សេង។**
  크놈 쩡 프도우 욕 뽀아 프쎄잉.

- 너무 비싸요. **ថ្លៃណាស់!** 틀라이 나!

- 조금 깎아주세요. **សូម ចុះថ្លៃបន្តិច។** 쏨 쪼 틀라이 번떼읓.

- 5000리엘 가격에 주세요. **សូមអោយថ្លៃ ៥០០០រៀល។**
  쏘옴 아오이 틀라이 쁘람뽀안 으리엘.

- 잔돈 주세요. **សូមអោយលុយអាប់។** 쏘옴 아오이 로이압.

- 뭐가 제일 좋아요? **តើចូលចិត្តអ្វីជាងគេ? (តើមួយណាល្អជាង?)**
  따으 쪼울쩔 어(v)와이 찌응께? (따으 모이나 러어 찌응?)

- 지난 번에도 샀어요! / 전에 5000리엘 가격으로 샀어요.
  ថ្លៃមុនបានទិញហើយ! ថ្លៃមុនបានទិញ តំលៃ៥០០០រៀល។
  틍아이 몬 반 뗀 하으이! 틍아이 몬 반 뗀 덤라이 쁘람뽀안 으리엘.

- 지난 번에 더 쌌어요. **ពេលមុន តម្លៃថោកជាងនេះ។**
  뻴 몬 덤라이 타옥 찌응 니ㅎ.

- 입어 볼 수 있을까요? **តើអាចពាក់លមើលបានទេ?**
  따으 앝 뻬악/로 멀 반 떼?

- 저것 좀 보여주세요. **សូមអោយខ្ញុំមើលអាម្នួយនោះ។**
  쏘옴 아오이 크놈 멀 아 무어이 누 ㅎ.

제 6 과 **쇼 핑**

មេរៀនទី៦ ការទិញដម៉ាន់

메으리언 띠 쁘람 무어이 까 다으뗀 에이(v)완

기본회화

꺼 어서오세요! 무엇을 찾으세요?

សូមស្វាគមន៍! តើត្រូវការអ្វី?

쏘옴 쓰(v)봐꼼! 따으 뜨러(v)우까 어(v)와이?

커 좀 볼게요...... 저기요, 혹시 이 옷 사이즈 있어요?

សូមមើលបន្តិចសិន.... អ្នកលក់!
តើអាវនេះមានលេខទេ?

쏘옴 멀 번뗒 썬..... 네악루억! 따으 아으 니ㅎ 미언 레잌 떼?

꺼 네, S.M.L사이즈 다 있어요. 무슨 색깔 필요하세요?

ចាស៎, លេខ S.M.L មានទាំងអស់។ តើត្រូវការពណ៌អ្វី?

짜ㅎ, 레잌 S, M, L 미언 띠앙어. 따으 뜨러(v)우까 뽀아 어(v)와이?

커 빨간색으로 M사이즈 주세요.

សូមយក លេខM ពណ៌ក្រហម។ 쏘옴 욕 레잌M 뽀아 끄러험.

꺼 잠시만요. 죄송합니다. 빨간색은 L사이즈만 있어요.

សូមចាំបន្តិច។ សុំទោស! ពណ៌ក្រហមមានតែ
លេខ L ប៉ុណ្ណោះ។

쏘옴 짬 번뗒. 쏨또ㅎ 뽀아 끄러험 미언 따에 레잌 L 뽄너ㅎ.

커 L사이즈 주세요. 입어봐도 될까요?

សូមអោយលេខ L ។ តើអាចលមើលបានទេ?

쏘옴 아오이 레잌 L. 따으 앗 로 멀 반 떼?

패턴 1

꺼 어서오세요! 무엇을 찾으세요?

សូមស្វាគមន៍! តើត្រូវការអ្វី?

쏘옴 쓰(v)봐꼼! 따으 뜨러(v)우까 어(v)와이?

커 좀 볼게요...... 저기요, 혹시 이 옷 사이즈 있어요?

សូមមើលបន្តិចសិន.... អ្នកលក់!
តើរាវនេះមានលេខទេ?

쏘옴 멀 번뗒 썬..... 네악루억! 따으 아오 니ㅎ 미언 레일 떼?

!! 설명

** 필요하다 = ត្រូវការ 뜨러(v)우까

찾다 = រក ㅇ록 / ស្វែងរក 스(v)와잉 ㅇ록

예) 전화기 필요하세요?

តើត្រូវការទូរស័ព្ទឬទេ?

따으 뜨러(v)우까 뚜으르쌉 르 떼?

무엇을 찾고 있어요?

តើលោកកំពុងស្វែងរកអ្វី?

따으 록 껌뿡 스(v)와잉 ㅇ록 어와이?

다음에 다시 올게요.

ខ្ញុំនឹងមកពេលក្រោយទៀត។

크놈 능 목 뻴끄라우이 띠읃.

패턴 2

꺼 네, S.M.L사이즈 다 있어요. 무슨 색깔 필요하세요?

ចាស់, លេខ S.M.L មានទាំងអស់។ តើត្រូវការពណ៌អ្វី?

짜ㅎ, 레일 S, M, L 미언 띠앙어. 따으 뜨러(v)우까 뽀아 어(v)와이?

커 음.. 빨간색으로 M사이즈 주세요.

សូមយក លេខ M ពណ៌ក្រហម។

쏘옴 욕 레일M 뽀아 끄러험.

‖ 설명

** 사이즈는 free 사이즈입니다.

មានតែលេខ free។ 미언 따에 레일 프리.

Tip!

색깔표현 ពណ៌ 뽀아

▶ 빨간색
ក្រហម 끄러험

▶ 파란색
ខៀវ 키(v)우

▶ 흰색
ស 써

▶ 검정색
ខ្មៅ 크마으

▶ 노란색

លឿង　르응

▶ 갈색

ត្នោត　트나올

▶ 회색

ប្រផេះ　브러페ㅎ

▶ 금색

មាស　미어ㅎ

▶ 분홍색

ផ្កាឈូក　프까축

▶ 보라색

ស្វាយ　스(v)와이

▶ 은색

ប្រាក់　쁘락

패턴 3

 잠시만요. 죄송합니다. 빨간색은 L사이즈만 있어요.

សូមចាំបន្តិច។ សុំទោស!
ពណ៌ក្រហមមានតែ លេខ L ប៉ុណ្ណោះ។

쏘옴 짬 번뗏. 쏨또ㅎ 뽀아 끄러험 미언 따에 레일 L 쁜너ㅎ.

 L사이즈 주세요. 입어봐도 될까요?

សូមរោយលេខ L។ តើអាចលមើលបានទេ?

쏘옴 아오이 레일 L. 따으 앚 로 멀 반 떼?

‼ 설명

** 문법 : ~만 **តែ / តែ ~ប៉ុណ្ណោះ** 따에 / 따에 ~ 뿐노ㅎ

예) 치마만 입어요.

ខ្ញុំស្លៀកតែសំពត់ប៉ុណ្ណោះ។

크놈 쓸리윽 따에 썸뻗뿐노ㅎ.

언니만 있어요.

មានតែបងស្រីប៉ុណ្ណោះ។

미언 따에 벙쓰레이 뿐노ㅎ.

응용회화

 얼마예요?

ថ្លៃប៉ុន្មាន ? 틀라이 뽄만?

 5달러입니다.

៥ដុល្លារ។ 쁘람 돌라.

 여기요. 잔돈주세요.

អ្នកលក់, សូមអាប់លុយ។ 네악 로억 쏨 압로이.

꺼 조금 깎아주세요.

សូមចុះថ្លៃបន្តិច។ 쏘옴 쪼ㅎ 틀라이 번띳.

커 안돼요. 마진이 없어요.

អត់បានទេ អត់ចំណេញទេ។ 엇바안떼 얼 쩜넨떼.

꺼 지난번에 4달러에 샀어요. 아님 안 살 거예요.

កាលពីថ្ងៃមុន ទិញតែ៤ដុល្លា។ បើអត់បាន
នឹងមិនទិញទេ។

깔 삐 퉁아이몬 뗀 따에 부언 돌라. 바으 얻 반 능 먼 뗀 떼.

꺼 뭐가 제일 좋아요?

តើមួយណាល្អជាង?

따으 무어이나 러어찌응?

커 이 신발이 제일 편해요.

ស្បែកជើងនេះពាក់(ស្រួលជាង(ល្អជាង)។

스바엑쯩 니ㅎ 뻬악 쓰루얼 찌응(러어찌응).

식당 ភោជនីយដ្ឋាន 포쪼니요탄

(주문, 맛, 요리 방법 등)

- 저는 쭈꾸미 음식을 좋아해요. ខ្ញុំចូលចិត្តម្ហូប ត្រីយាហើដៃខ្លី។
  크놈 쪼울쩔 머홉 쭈꾸미(뜨라이 예아흐 다이 클라이)

- 오늘 4명 예약하고 싶습니다. ខ្ញុំចង់កក់សំរាប់មនុស្ស ៤នាក់។
  크놈 쩡 꺽 썸으랍 머누ㅎ 부언 네악.

- 자리 있나요? មានកន្លែងទេ? 미언 껀라잉 떼?

- 메뉴판 좀 주세요. សូមរោយស្បៀវភៅមុខម្ហូប(ម៊ីនុយ)។
  쏘옴 아오이 씨어(v)우퍼우 목 머홉 (메노이)

- 맛있어요. មានរសជាតិឆ្ញាញ់។ 미언 ㅡ루어ㅎ찌은 층안.

- 이 음식은 조금 매워요. (맛) ម្ហូបនេះ ហិលបន្តិច។ 머홉 니ㅎ 헐 번뗏.

- 주문할게요. កម្មង់ម្ហូប! 꺼멍 머홉.

- 볶음밥 주세요. សូមរោយបាយឆា។ 쏘옴 아오이 바이 차.

- 음료수는 무엇으로 하시겠어요? តើត្រូវការភេសជ្ជៈអ្វី?
  따으 뜨러(v)우까 페쓰찌아ㄱ 어(v)와이?

- 취소할게요. ខ្ញុំនឹងលុបចោល។ 크놈 능 롭짜올.

- 쭈꾸미 먹어 본 적 있어요? / 먹을 수 있어요?
  តើអ្នក ធ្លាប់ញ៉ាំ ត្រីយាហើដៃខ្លីទេ? អាចញ៉ាំបានទេ?
  따으 네악 틀로압 냠 쭈꾸미(뜨라이 예아흐 다이 클라이) 떼? 앗 냠 반떼?

- 계산서 주세요. សូមរោយវិក័យប័ត្រ។ 쏘옴 아오이 (v)위까이어받.

- 여기 계산이요~ សូមគិតលុយ។ 쏘옴 끝 로이.

- 이 요리는 어떻게 요리해요? តើម្ហូបនេះធ្វើយ៉ាងម៉េច? 따으 머홉 니ㅎ 트(v)브 양멧?

- 이 요리는 쇠고기가 필요해요. 쇠고기로 요리해요.
  ម្ហូបនេះត្រូវការសាច់គោ។ ធ្វើពីសាច់គោ។
  머홉 니ㅎ 뜨러(v)우까 쌎 꼬. 트(v)브 삐 쌎 꼬.

- 아무거나 괜찮아요. អ្វីក៏បានដែរ។ / (ម្ហូបណាក៏បានដែរ។)
  어(v)와이 꺼 반 다에. 무어이나 꺼 반 다에.

- 배가 고파요. ពោះឃ្លាន។ / ឃ្លានបាយណាស់។ 뿌어클리언. / 클리언 바이나.

Lesson **07**

제 7 과 **식 당**

មេរៀនទី៧ ភោជនីយដ្ឋាន

메ㅇ리언 띠 쁘람 삐 포쪼니요탄

기본회화

꺼 어서오세요! 몇 명이세요?

សូមស្វាគមន៍! តើមានគ្នាប៉ុន្មាននាក់?

쏨 쓰(v)와 꼼! 따으 미언 크니어 뽄만 네약?

커 3명이요..... 메뉴판 좀 주세요.

មានគ្នា៧នាក់... សូមអោយស្យៀវភៅមុខម្ហូប។

미언 크니어 바이 네약... 쏘옴 아오이 씨어(v)우퍼우 목 머홉.

꺼 주문하시겠어요?

តើកម្ម៉ង់អ្វីដែរ? 따으 꺼멍 어(v)와이 다에?

커 쌀국수 3그릇과 반차에우 2그릇 주세요.

សូមអោយគុយទាវ៧ចាននិង បាញ់ឆែវ២បន្ថះ។

쏘옴 아오이 꾸이띠(v)우 바이 짠 능 반차에(v)우 삐 번떼아ㅎ.

꺼 음료수는요?

ចុះត្រូវការភេសជ្ជះអ្វីដែរ?

쪼ㅎ 뜨러(v)우까 페쓰찌아ㅎ 어(v)와이 다에?

커 음... 괜찮아요. 아! 반차에우 하나 취소할게요

ហឺម !មិនអីទេ។
អា! សូមលុបចោលបាញ់ឆែវ១បន្ថះ។

흠... 먼 아이 떼. 아! 쏘옴 롭 짜올 반차에(v)우 무어이 번떼아ㅎ.

패턴 1 ○○○

 어서오세요! 몇 명이세요?

សូមស្វាគមន៍! តើមានគ្នាប៉ុន្មាននាក់?

쏨 쓰(v)와 꼼! 따으 미언 크니어 쁜만 네악?

 3명이요..... 메뉴판 좀 주세요.

មានគ្នា៧នាក់...
សូមអោយសៀវភៅមុខម្ហូប។

미언 크니어 바이 네악.. 쏘옴 아오이 씨어(v)우퍼우 목 머홉.

패턴 2 ○○○

 주문하시겠어요?

តើកម្ម៉ង់អ្វីដែរ?

따으 꺼멍 어(v)와이 다에?

 쌀국수 3그릇과 반차에우 2그릇 주세요.

សូមអោយគុយទាវ៧ចាននិង
បាញ់ឆែវ២បន្ថែ។

쏘옴 아오이 꾸이띠(v)우 바이 짠 능 뱐차에(v)우 삐 번떼아ㅎ.

쌀국수 គុយទាវ

캄보디아를 여행한 사람치고 꾸이띠유라는 음식을 먹어 보지 않은 사람은 없을 것이다. 그만치 캄보디아에서 가장 인기를 끌고 있는 음식이 이 시대 캄보디아의 대표적인 음식이라 해도 과언이 아니다. 꾸이띠유만 전문으로 하는 식당이 있는가 하면, 대개의 호텔식당에서도 꾸이띠유는 있으며 아주 값싼 가격으로 누구나 쉽게 먹을 수 있는 음식이다. 영어로 표현한다면 Rice Noodle Soup 이라 할 수 있다. 우리말로 꼭 번역하라면 쌀국수이다. 이 나라에는 밀가루가 없기 때문에 밀로 만든 국수는 없다. 예로부터 쌀은 풍부했으므로 쌀을 가지고 국수를 만들어 먹었는데 이 나라 사람들은 이를 '놈반쪽' 이라 하여 꾸이띠유의 전신이라 할 수 있다.

쌀로 만든 국수를 국물에 말아 먹는데 국물과 첨가하는 고기의 종류에 따라 그 맛도 다르다. 가장 일반적으로 먹는 것이 소고기, 돼지고기, 닭고기, 해산물이 애용되고 있다. 중요한 것은 수프를 만드는 데서 맛이 난다고 한다. 예를 들어 소고기 꾸이띠유라 하면 소고기와 갈비와 같은 것을 한 시간 이상 고아서 국물을 우려내는 것이다. 양념종류도 다양한데 양념에 따라 맛이 달라지기도 한다. 중국 사람들이 즐겨먹는 향채도 있으며 생 숙주가 함께 나오는데 생 숙주는 뜨거운 국물에 담가서 약간 익혀서 먹게 된다. 꾸이띠유를 취급하는 식당의 테이블 위에는 각종의 양념들이 병에 담겨져 있는데 고기나 해물과 같은 건더기를 찍어 먹는 소스도 다양하다.

캄보디아사람들은 주로 아침이면 인근 식당에 나와 꾸이띠유로 외식을 하면서 하루를 시작하곤 한다.

Tip!

쁘러혹 ប្រហុក

캄보디아 시골 강가를 따라 드라이브를 하면 코끝을 찌르는 알 수 없는 썩은 비린내를 맡을 수 있다. 이 냄새는 마을 사람들이 쁘러혹을 만들기 위해 생선을 말리고 절이는 과정에서 나는 냄새이다. 쁘러혹은 캄보디아를 대표하는 음식으로서 우리나라의 젓갈과 매우 비슷하다. 그렇지만 민물 생선을 별다른 과정 없이 바로 소금에 절여 만들었기 때문에 그 냄새는 악취에 비할 수 있을 만큼 고약하기 그지없다.

쁘로혹은 거의 모든 캄보디아음식에 재료이자 양념으로 첨가된다. 그렇기 때문에 아마도 외국인들이 캄보디아 음식을 먹을 때 거부감이 드는 건 쁘로혹 냄새가 나기 때문일 것이다. 쁘로혹의 냄새와 맛이 굉장히 독특하고 참기 힘들기 때문에 심지어는 캄보디아 인들 중에서도 이를 먹지 못하는 사람들도 있다. 이런 특성 때문에 외국인들은 쁘로혹을 '캄보디아의 치즈'라고 부르기도 한다.

쁘로혹은 거의 모든 캄보디아 음식에 들어가는 양념이다. 마치 우리나라의 된장, 고추장처럼 캄보디아 음식 맛의 기본이 되는 장이라고 할 수 있다. 쁘로혹은 국 간을 맞출 때 사용되기도 하며, 야채 생채에 넣어 먹기도 한다. 쁘로혹 볶음, 쁘로혹 구이와 같은 요리를 만들어 먹거나 소고기 구이, 곱창 요리 등을 찍어먹는 소스로 사용되기도 한다. 캄보디아 현지 소고기 구이식당(비어가든)에 가면 보통 소금+후추에 라임즙을 섞는 소스와 지독한 냄새가 나는 쁘로혹 소스를 두 개 갖다 준다. 캄보디아 사람들에게는 이 소스와 함께 먹는 소고기를 최고의 술안주로 정평이 나 있다.

패턴 3

꺼 음료수는요?

ចុះត្រូវការភេសជ្ជះអ្វីដែរ?

쪼ㅎ 뜨러(v)우까 페쓰찌아ㅎ 어(v)와이 다에?

커 음... 괜찮아요. 아! 반차에우 하나 취소할게요.

ហឺម !មិនអីទេ។ អា! សូមលុបចោលបាញ់ឆែរ១បន្ថែះ។

흠... 먼 아이 떼. 아! 쏘옴 롭 짜올 반차에(v)우 무어이 번떼아ㅎ.

❚ 설명

** 문법 : 취소하다 = *លុបចោល* 롭 짜올

응용회화

꺼 쁘러혹을 먹어본 적 있어요?

តើអ្នកធ្លាប់ញ៉ាំ ប្រហុកទេ?

따으 네악 틀로압 냠 브러혹 떼?

커 네. 하지만 먹을 줄 몰라요.

ចាស, ប៉ុន្តែអត់ចេះហូបទេ។

짜ㅎ, 쁜따에 얻 째ㅎ 홉 떼.

꺼 이 음식은 맛이 어때요?

តើម្ហូបនេះមានរសជាតិយ៉ាងម៉េច?

따으 머홉 니ㅎ 미언 ㅇ루어찌읃 양 멪?

커 조금 시어요. 그래서 전 별로 안 좋아해요.

ជូរបន្តិច។ ដូច្នេះ ខ្ញុំមិនសូវ ចូលចិត្តទេ។

쭈 번뗒. 도우치네ㅎ 크놈 먼 쏘(v)우 쪼울쩓때.

꺼 저는 신 음식 좋아해요. 먹어보고 싶어요.

ខ្ញុំចូលចិត្តម្ហូបជូរ។ ខ្ញុំចង់ហូបសាកមើល។

크놈 쪼울쩓 머홉 쭈. 크놈 쩡 홉 싹멀.

꺼 주문하셨어요?

តើអ្នកកម្ម៉ង់ហើយ? 따으 네악 꺼멍 하으이?

커 아까 주문했어요.

កម្ម៉ង់រួចហើយ មុននេះបន្តិច។

꺼멍 ㅇ루읻 하으이 몬 니ㅎ 번뗒.

길 묻기(교통) ការសាកសួរអំពីមធ្យោបាយធ្វើដំណើរ

까 싹쑤어 엉삐 머쑤어바이 트(v)브 덤나으

(종류, 위치, 부르기, 가격 흥정 등)

- 왓프놈을 아세요? **តើស្គាល់វត្តភ្នំទេ?** 따으 스꼬알 (v)왓프놈 떼?

- 왓프놈을 가야 해요. **ខ្ញុំត្រូវទៅវត្តភ្នំ។** 크놈 뜨러(v)우 떠으 (v)왓프놈.

- 뚝뚝을 타야 할 것 같아요. **ប្រហែលត្រូវជិះទុកទុក។**

  브러하엘 뜨러(v)우 찌ㅎ 뚝뚝.

- 왓프놈에 같이 갑시다. **គោះទៅវត្តភ្នំជាមួយគ្នា។**

  떠ㅎ 떠으 (v)왓프놈 찌어무어이 크니어.

- 거기를 가려면 어떻게 가야 하나요?
បើសិន(ប្រសិនបើ)ទៅទីនោះ តើទៅយ៉ាងម៉េច?

  바으썬(브러썬바으) 떠으 띠 누ㅎ 따으 떠으 양멫?

- 시장은 어디에 있어요? **តើផ្សារនៅឯណា?** 따으 프싸 너으 아에 나?

- 가깝나요? 먼가요? **តើនៅជិត? នៅឆ្ងាយ?** 따으 너으 쯤? 너으 층아이?

- 소리야백화점으로 가세요.(위치) **សូមទៅតាមផ្សារទំនើបសុរិយា។**

  쏘옴 떠으 땀 프싸똠너읍 쏘리야.

- 길이 틀렸어요. **ខុសផ្លូវហើយ។** 코ㅎ 플러(v)우 하으이.

- 돌아가세요. **សូមត្រលប់ទៅក្រោយ។** 쏘옴 뜨럴럽 떠으 끄라우이.

- 톰트메이시장에서 강변까지 얼마나 걸려요?
តើពីផ្សារធំថ្មីទៅមាត់ទន្លេ មានរយៈប៉ុន្មាន?

  따으 삐 프싸 톰트메이 떠으 모앋 똔래 미언 으로예약 삘 뿐만?

- 5000리엘 가격으로 갑시다! **ទៅតម្លៃ ៥០០០រៀល** 떠으 덤라이 쁘람뽀안 으리엘.

제 8 과 교 통

មេរៀនទី៨ មធ្យោបាយធ្វើដំណើរ

메으리언 띠 쁘람 바이 모됴바이 트(v)브 덤나으

기본회화

꺼 르서울 식당이 어디에 있어요?

តើភោជនីយដ្ឋានទ្បីសេរ៉ុល នៅឯណា?

따으 포쪼니요탄 러으 세울 너으 아에 나?

커 르로얄 호텔 옆에 있어요.

នៅជិតសណ្ឋាគារទ្ប៊ីរ៉ូយ៉ាល់។

너으 쫀 싼타끼어 르로얄.

꺼 여기서 거기까지 얼마나 걸려요?

តើពីទីនេះទៅទីនោះមានរយៈពេលប៉ុន្មាន?

따으 삐 띠니ㅎ 떠으 띠누ㅎ 미언 로예악 뻴 뽄만?

커 아마도 10분정도 걸릴 거예요.

ប្រហែលជា ១០នាទី។

브러하엘 찌어 덥 니어띠.

꺼 조금 멀군요. 저 좀 데려다 주시겠어요?

ឆ្ងាយបន្តិច។ តើអាចជូនខ្ញុំទៅបន្តិចបានទេ?

층아이 번뗏. 따으 앚 쭈은 크놈 떠으 번뗏 반 떼?

커 네 갑시다.

បាទ តោះទៅ។

받 떠ㅎ 떠으.

패턴 1

꺼 르서울 식당이 어디에 있어요?

តើភោជនីយដ្ឋានទ្បីសេរ៉ួល នៅឯណា?

따으 포쪼니요탄 러으 세울 너으 아에 나?

커 르로얄 호텔 옆에 있어요.

នៅជិតសណ្ឋាគារឡ្បីរ៉ូយ៉ាល់។

너으 쫀 싼타끼어 르로얄.

!! 설명

** 문법 : 옆/근처/건너 = **ចំហៀង / ក្បែរ , ជិត / ទល់មុខ**
쩜히응 / 끄바에. 쩬/ 으룸렁. 똘목, 쩜히응

예) 트마이 시장 근처에 쏘레야 백화점이 있어요.
ផ្សារទំនើបសូរិយា នៅក្បែរ ផ្សារថ្មី។
프싸똠너읍 쏘우으레야 너으 끄바에 프싸트마이.

러시아 시장 근처에 한국식당이 있을 거예요.
ប្រហែលជាមាន ភោជនីយដ្ឋានកូរ៉េនៅជិត ផ្សារទូលទំពូង។
브러하엘 찌어 미언 포쪼니요탄 꼬레 너으 쫀 프싸 뚜울뚬뽕.

우리 집 앞에 커피숍이 있어요.
មានហាងកាហ្វេនៅខាងមុខផ្ទះរបស់ខ្ញុំ។
미언 항까훼나우카앙 목 프띠어로버ㅎ크놈.

71

- 에 ស្រៅ 너으
- 위 លើ 르
- 앞 មុខ 목
- 안 ក្នុង 크농
- 왼쪽 ឆ្វេង 츠(v)웨잉

- 쪽 ខាង 캉
- 밑 ក្រោម 끄라옴
- 뒤 ក្រោយ 끄라우이
- 밖 ក្រៅ 끄라오
- 오른쪽 ស្ដាំ 스담

패턴 2

여기서 거기까지 얼마나 걸려요?

តើពីទីនេះទៅទីនោះមានរយៈពេលប៉ុន្មាន?

따으 삐 띠니ㅎ 떠으 띠누ㅎ 미언 로예악 뻴 뽄만?

아마도 10분정도 걸릴 거예요.

ប្រហែលជា ១0 នាទី។

브러하엘 찌어 덥 니어띠.

‖ 설명

** 문법 : ~에서 ~까지 = ពីទីនេះ ទៅ ទីនោះ 삐 띠니ㅎ 떠으 띠누ㅎ

예) 프놈펜에서 시엠립까지 몇 Km예요?
តើពីភ្នំពេញទៅសៀមរាបមាន ចំងាយប៉ុន្មានKm?
따으 삐 프놈뻰 떠으 씨엠으리읍 미언 쩜응아이 뽄만 끼로마엘?

예) 한국대사관에서 공항까지 몇 분 걸려요?

តើពីស្ថានទូតកូរ៉េទៅព្រលានយន្តហោះ ចំណាយប៉ុន្មាននាទី?

따으 삐 쓰탄뚣꼬레 떠으 쁘러리언윤허ㅎ 쩜나이 뽄만 니어띠?

패턴 3 ○○○○○○○○○○○○○○○○○○○○○○○○○○○○○○○○○○○○○

꺼 조금 멀군요. 저 좀 데려다 주시겠어요?

ឆ្ងាយបន្តិច។ តើអាចជូនខ្ញុំទៅបន្តិចបានទេ?

층아이 번뗷. 따으 앗 쭈운 크놈 떠으 번뗷 반 떼?

키 네 갑시다.

បាទ តោះទៅ។ 받 떠ㅎ 떠으.

‼ 설명

** 문법 : 데리고 가다 = ជូនទៅ/នាំទៅ 쭈운떠으 / 노암 떠으

예) 강아지를 데리고 공원에 갈 거예요.

ខ្ញុំនាំកូនឆ្កែទៅសួនច្បារ។ 크놈 노암 꼬은츠까에 떠으 쑤언쯔바.

친구를 데려다 주고 올게요.

ខ្ញុំជូនពួកម៉ាកទៅហើយមកវិញ។ 크놈 쪼온뿌억마악 따우 허이 모억 웬.

73

ll 설명	

** 문법 : 갑시다 = **តោះទៅ** 떠ㅎ 떠으

예) 점심 먹으러 갑시다.

តោះនាំគ្នាទៅ ញ៉ាំអាហារថ្ងៃត្រង់។
떠ㅎ 노암 크니어 따우 냠 아하 틍아이 뜨렁.

결혼식에 같이 갑시다.
តោះនាំគ្នាទៅញ៉ាំការរគេ។ 떠ㅎ 노암 크니어 따우 냠 까 께.

응용회화

왓프놈에 가려면 어떻게 해요?

បើសិនចង់ទៅវត្តភ្នំ តើទៅយ៉ាងម៉េច?
바으썬 쩡 떠으 (v)왇프놈 따으 떠으 양몆?

모또돕이나 뚝뚝을 타세요.

សូមជិះទុកទុកឬ ម៉ូតូឌុប។
쏨 찌ㅎ뚝뚝 르 모또돕.

74

꺼 러시안마켓에 갑시다. 얼마예요?

តោះទៅផ្សារទូលទំពូង។ ថ្លៃប៉ុន្មាន?

떠ㅎ 떠으 프싸 뚜울똠뿡. 틀라이 뽄만?

커 5천리엘입니다.

៥០០០រៀល។ 쁘람 뽀안 리얼.

꺼 3천리엘에 갑시다.

តោះ៣០០០រៀល។ 떠ㅎ 바이뽀안 리얼.

- -

꺼 아무거나 타도 괜찮아요. 데려다 줄까요?

និះអ្វីទៅក៏បានដែរ។ ត្រូវការអោយជូនទៅឬទេ?

찌ㅎ 어(v)와이 떠으 꺼반 다에. 뜨러(v)우까 아오이 쭈운 따우 르 떼?

커 그럼, 가는 길에 내려 주세요.

អញ្ចឹង ពេលទៅតាមផ្លូវ សូមដាក់ខ្ញុំចុះផង។

안쯩 뺄따우땀플라우 쏨딱크놈쭈오 퍼엉.

여행 ទេសចរណ៍ 떼쓰쩌
(예약, 예약확인, 변경, 취소 등)

- 캄보디아에 놀러 가요. ទៅលេងប្រទេសកម្ពុជា។ 떠으 랭 브로떼 깜뿌찌아.

- 몇 일 동안 있을 거예요? តើនឹងនៅប៉ុន្មានថ្ងៃ? 따으 능 너으 뽄만 틍아이?

- 5박 6일로 다녀 올 거예요. ទៅ៥យប់ ៦ថ្ងៃនឹងត្រលប់មកវិញ។
  떠으 쁘람 욥 쁘람무어이 틍아이 능 뜨럴럽 목 (v)웬.

- 몇 시 출발이에요? / 도착이에요?
  តើចាកចេញនៅម៉ោងប៉ុន្មាន? តើមកដល់ នៅម៉ោងប៉ុន្មាន?
  따으 짝 쩬 너으 마옹 뽄만? 따으 목 덜 너으 마옹 뽄만?

- 마중 나갈게요. ខ្ញុំនឹងទៅទទួលអ្នក។ 크뇸 능 떠으 또뚜얼 네악.

- 조심히 다녀오세요. សូមធ្វើដំណើរត្រលប់មកវិញដោយសុវត្ថិភាព។
  쏘옴 트(v)브 덤나으 뜨럴럽 목 (v)웬 다오이 쏘(v)왓테피읍.

- 예약은 했나요? / 티켓은 샀나요?
  តើបានកក់ហើយឬនៅ? បានទិញសំបុត្រហើយឬនៅ?
  따으 반 꺽 하으이 으르 너으? 반 뗀 썸벗 하으이 르 너으?

- 다른 날로 바꾸고 싶어요. ខ្ញុំចង់ប្ដូរទៅថ្ងៃផ្សេង។
  크뇸 쩡 프도우 떠으 틍아이 프쎄잉.

- 누구하고 같이 가요? តើទៅជាមួយអ្នកណា?
  따으 떠으 찌어무어이 네악 나?

- 친구와 같이 가요. ទៅជាមួយមិត្តភក្តិ។ 떠으 찌어 무어이 멀페악.

- 여행하러 갈 거예요. ខ្ញុំនឹងទៅធ្វើទេសចរណ៍។ 크뇸 능 떠으 트(v)브 떼쓰쩌.

- 저를 따라 오세요. សូមមកតាមខ្ញុំ។ 쏘옴 목 땀 크뇸.

- 무엇을 도와 드릴까요? តើមានអ្វីអោយខ្ញុំជួយទេ?
  따으 미언 어(v)와이 아오이 크뇸 쭈어이 떼?

- 여권 좀 주십시오. សូមអោយលិខិតឆ្លងដែន។ 쏘옴 아오이 레칸츨렁다엔.

제 9 과 **여 행**

មេរៀនទី៩ ទេសចរណ៍

메리언 띠 쁘람 부언 떼스쩌

기본회화

꺼 예약하셨나요?

តើមានកក់ហើយរឺនៅ? 따으 미언 꺽 하으이 르 너으?

커 네. 어제 전화했어요.

បាទ, បានទូរស័ព្ទពីម្សិលមិញហើយ។

받, 반 뚜으르쌉 삐 머썰멘 하으이.

꺼 성함이 어떻게 되세요? 여권 좀 보여주세요.

តើលោកឈ្មោះអ្វី? សូមបង្ហាញលិខិតឆ្លងដែន។

따으 록 츠무어ㅎ 어(v)와이? 쏘옴 벙하인 레칻츨렁다엔.

커 여기 있어요. 2박 3일 묵고 싶습니다.

នេះ។ ខ្ញុំចង់ស្នាក់នៅ ២យប់ ៣ថ្ងៃ។

니ㅎ. 크놈 쩡 쓰낙 너으 삐 욥 바이 틍아이.

꺼 혼자 오셨습니까?

តើអ្នកមកម្នាក់ឯង? 따으 네악 목 머네악 아엥?

커 아니요. 곧 친구가 올 거예요.

ទេ! មិនយូរមិនឆាប់មិត្តភក្តិខ្ញុំនឹងមក។

떼, 믄 유 믄 찹 멀페악 크놈 능 목.

패턴 1

 꺼 예약하셨나요?

តើមានកក់ហើយរឺនៅ? 따오 미언 꺽 하으이 르 너으?

커 네. 어제 전화했어요.

បាទ, បានទូរស័ព្ទពីម្សិលមិញហើយ។
받, 반 뚜으르쌉 삐 머썰멘 하으이.

‖ 설명

** 문법 : 예약하다 = **កក់** 꺽

예) 방을 예약하고 싶어요. **ខ្ញុំចង់កក់បន្ទប់។** 크놈 쩡 꺽 번뜹.

이 식당에 6시쯤에 예약하고 싶어요.
ខ្ញុំចង់កក់ភោជនីយដ្ឋាននេះនៅម៉ោង ៦។
크놈 쩡 꺽 포쪼니요탄 니ㅎ 너으 마옹 쁘람 무어이.

패턴 2

 꺼 성함이 어떻게 되세요? 여권 좀 보여주세요.

តើលោកឈ្មោះអ្វី? សូមបង្ហាញលិខិតឆ្លងដែន។
따으 록 츠무어ㅎ 어(v)와이? 쏘옴 벙하인 레칸츨렁다엔.

 커 여기 있어요. 2박 3일 묵고 싶습니다.

នេះ។ ខ្ញុំចង់ស្នាក់នៅ ២យប់ ៣ថ្ងៃ។
니ㅎ. 크놈 쩡 쓰낙 너으 삐 욥 바이 틍아이.

ll 설명

** 문법 : 조금 = **បន្តិច / តិច / បន្តិចបន្តួច** 번뗏 / 뗏 / 번뗏 번뚜잊

예) 조금 먹어요. **ខ្ញុំញ៉ាំតិច។** 크놈 냠 뗏.

많이 드세요! **សូមញ៉ាំអោយច្រើន!** 쏨 냠 아오이 쯔라은!

** _박 _일 = **__យប់ __ថ្ងៃ** __욥 __틍아이

예) 3박 4일정도 호치민에 놀러 갈 거예요.

ខ្ញុំនឹងទៅដើរលេង នៅហូជីមីន រយៈពេល ៣យប់ ៤ថ្ងៃ។

크놈 능 따우다으 랭 너으 호지밍 로예익뻴 바이욥 부언틍아이.

차를 1박 2일로 빌렸어요.

ខ្ញុំបានជួលឡាន រយៈពេល ១យប់ ២ថ្ងៃ។

크놈 반 쭈울란ㅇ로야ㅎ뻴 무어이 욥 삐 틍아이.

패턴 3 ◦◦◦◦◦◦◦◦◦◦◦◦◦◦◦◦◦◦◦◦◦◦◦◦◦◦◦◦◦◦◦◦◦◦◦◦

꺼 혼자 오셨습니까?

តើអ្នកមកម្នាក់ឯង? 따으 네악 목 머네악 아엥?

커 아니요. 곧 친구가 올 거예요.

ទេ! មិនយូរមិនឆាប់មិត្តភក្តិខ្ញុំនឹងមក។

떼, 믄 유 믄 찹 먿페악 크놈 능 목.

ll 설명

** 문법 : 곧 도착하다 = **មិនយូរមិនឆាប់__មកដល់** 먼 유 먼 찹 __목 덜

예) 곧 약속장소에 도착할 거예요.

មិនយូរមិនឆាប់នឹងទៅដល់កន្លែងណាត់។

먼 유 먼 찹 능 떠으 덜 껀라잉 낟.

거의 다 도착했어요. **ជិតដល់ហើយ។** 쯛덜허이.

응용회화 ///////////////////////////

꺼 캄보디아에 놀러 가요.

ទៅលេងប្រទេសកម្ពុជា។ 떠으 랭 쁘러때ㅅ 깜뿌찌아.

커 몇 일 동안 있을 거예요?

តើនឹងនៅប៉ុន្មានថ្ងៃ? 따으 능 너으 뽄만 퉁아이?

꺼 5박 6일로 다녀 올 거예요.

ទៅ៥យប់ ៦ថ្ងៃនឹងត្រលប់មកវិញ។
떠으 쁘람 욥 쁘람무어이 퉁아이 능 뜨럴럽 목 (v)웬.

꺼 몇 시 출발이에요?

តើចាកចេញនៅម៉ោងប៉ុន្មាន? 따으 짜ㄱ 쩬 너으 마옹 뽄만?

커 4시 30분이에요.

ម៉ោងបួនកន្លះ។ 마옹 부언 끄라ㅎ.

꺼 조심히 다녀오세요.

សូមធ្វើដំណើរត្រលប់មកវិញដោយសុវត្ថិភាព។
쏨 트(v)브 덤나으 뜨럴럽 목 (v)웬 다오이 쏘(v)왓테피읍.

81

병원 មន្ទីរពេទ្យ 문띠뻰
(아플 때 표현, 약 먹는 방법 등)

- 어디가 아파요? **តើឈឺនៅកន្លែងណា ?** 따으 츠 너으 껀라잉 나?

- 몸이 별로 안 좋아요. **មិនសូវស្រួលខ្លួន។** 먼 쏘(v)우 쓰루얼 클루언.

- 배가 아픈 것 같아요. **ប្រហែលជាឈឺពោះ។** 브러하엘 찌어 츠 뿌어ㅎ.

- 병원에 빨리 가세요. **សូមប្រញាប់ទៅមន្ទីរពេទ្យ។** 쏘옴 브러냡 떠으 문띠뻰.

- 약은 먹었어요? **ផឹក (លេប) ថ្នាំហើយ ឬ នៅ?** 퍽 (렙) 트남 하으이 으르 너으?

- 건강하세요. **សូមអោយមានសុខភាពល្អ។** 쏘옴 아오이 미언 쏘커피읍 러어.

- 하루에 3번 식사 후에 먹으세요.
សូមផឹកថ្នាំមួយថ្ងៃ ៣ដង បន្ទាប់ពីញ៉ាំបាយរួច។
쏘옴 퍽 트남 무어이 틍아이 바이 덩 번또압 삐 냠 바이 루엊.

- 병원에 또 오세요. **សូមមកមន្ទីរពេទ្យទៀត។** 쏨모억 몬띠뻰 디얻.

- 열이 나요. (증상) **ក្ដៅខ្លួន។** 끄다으 클루언.

- 주사를 맞을 필요는 없습니다. **មិនត្រូវការចាក់ថ្នាំទេ។** 먼 뜨러(v)우까 짝 트남 떼

- 어느 병원이 유명한가요? **តើមន្ទីរពេទ្យណា ដែលល្បីល្បាញ?**
따으 문띠뻰 나 다엘 러바이 러바인?

제 10 과 **병 원**

មេរៀនទី១០ មន្ទីរពេទ្យ

메리언 띠 덥 문띠뻳

꺼 어디가 아프세요?

តើឈឺនៅកន្លែងណា? 따으 츠 너으 껀라엥 나?

커 몸이 열이 나고 목이 아파요.

ក្តៅខ្លួន និងឈឺក។ 끄다오 클루언 능 츠 꺼.

꺼 언제부터 아팠나요?

តើឈឺតាំងពីពេលណា? 따으 츠 땅 삐 뻴 나?

커 월요일부터 안 좋았어요.

មិនស្រួលតាំងពីថ្ងៃចន្ទ។ 먼 스루얼 땅삐 틍아이 짠.

꺼 감기예요. 이 약을 하루에 3번 식사 후 드세요.

ផ្តាសាយ។ សូមជឹកថ្នាំនេះមួយថ្ងៃ៣ដង បន្ទាប់ពីញ៉ាំបាយរួច។

프다싸이. 쏘옴 퍽트남 니ㅎ 무어이 틍아이 바이 덩 번또압 삐 냠 바이 루엇.

커 감사합니다.

អរគុណ។ 어꾼.

패턴 1

꺼 어디가 아프세요?

តើឈឺនៅកន្លែងណា? 따으 츠 너으 껀라엥 나?

커 몸이 열이 나고 목이 아파요.

ក្តៅខ្លួន និងឈឺក។ 끄다으 클루언 능 츠 꺼.

‖ 설명

** 문법 : 아프다 = ឈឺ 츠

Tip!

아픈 증상 말하기 និយាយពីអាការ:រោគ 니예이 삐아까락 로옥

▶ 배가 아프다
ឈឺពោះ 츠 뿌어ㅎ

▶ 열이 나다
ក្តៅខ្លួន 끄다으 클루언

▶ 콧물이 나다
ហៀរសំបោរ 히어 썸바오

▶ 피가 나다
ចេញឈាម 쩬 치음

▶ (손, 발이) 부러지다
បាក់ជើង 박 쯔응   បាក់ដៃ 박 다이

▶ 쑤시다
ឆ្អល់ 츠얼   ▶ 저리다
ស្ពឹក 쓰쁙

▶ 어지럽다
វិលមុខ (v)월 목

▶ 토하다
ក្អួត 꾸우얼

▶ 머리가 아프다
ឈឺក្បាល 츠 끄발

▶ 멍이 나다
ជាំ 쪼암

꺼 언제부터 아팠나요?

តើឈឺតាំងពីពេលណា? 따으 츠 땅 삐 뻴 나?

커 월요일부터 안 좋았어요.

មិនស្រួលតាំងពីថ្ងៃចន្ទ។ 믄 스루얼 땅삐 틍아이 짠.

∥ 설명

** 문법 : 언제부터 **តាំងពីពេលណា** 땅삐 뻴나.

예) 언제부터 일을 시작했어요?

តើអ្នកបានធ្វើការតាំងពីពេលណា?
따으 네악 반 트(v)브까 땅삐 뻴나?

언제부터 기다렸어요?

តើអ្នកបានរងចាំតាំងពីពេលណា?
따으 네악 반 롱짬 땅삐 뻴나?

** 문법 : 좋지 않다 / 편하지 않다 = **មិនល្អ/មិនស្រួល** 먼 러어 / 먼 스루얼

예) 지금 기분이 별로 좋지 않아요.

ពេលវេលានេះមានអារម្មណ៍មិនសូវល្អ។
에이러(v)우니ㅎ 미언 아럼 믄 써으 러어.

이 자리가 좋지 않네요 / 편하지 않네요.

ទីកន្លែងនេះ មិនស្រួល។ 띠 껀라엥니ㅎ 믄 스루얼.

패턴 3

꺼 감기예요. 이 약을 하루에 3번 식사 후 드세요.

ផ្តាសាយ។ សូមញ៉ាំថ្នាំនេះមួយថ្ងៃ៣ដង បន្ទាប់ពីញ៉ាំបាយរួច។

프다싸이. 쏘옴 펙 트남 니ㅎ 무어이 틍아이 바이 덩 번또압 삐 냠 바이 으루잊.

커 감사합니다.

អរគុណ។ 어꾼.

!! 설명

** 문법 : 약 먹는 방법 *របៀបលេបថ្នាំ* 로비읍 렙 트남

Tip!

▶ 식사 전
មុនអាហារ 몬 아하

▶ 식사 후
ក្រោយអាហារ
끄라우이 아하

▶ 자주
ញឹកញាប់ 녁뇨압

▶ 이틀에 한번
ពីរថ្ងៃម្ដង 삐틍아이 머덩

▶ 하루에 두번
មួយថ្ងៃពីរដង
무어이 틍아이 삐 덩

예) 자주 이 약을 바르세요.
សូមលាបថ្នាំនេះរឿយៗបានញឹកញាប់។
쏘옴 리읍 트남 니ㅎ 아오이 반 녁뇨압.

이틀에 한번 식사 전에 드세요.
សូមលេបថ្នាំនេះពីរថ្ងៃម្ដងមុនអាហារ ។
쏘옴 렙 트남 니ㅎ 삐 틍아이 머덩 몬 아하.

응용회화 ////////////////////

꺼 주사를 맞아야 하나요?

តើត្រូវចាក់ថ្នាំទេ? 따으 뜨러(v)우 짝 트남 떼?

커 아니요, 약을 드시면 괜찮습니다.

ទេ ធឹកថ្នាំទៅបានហើយ។ 떼, 퍽트남 떠으 반 하으이.

꺼 무슨 일이에요? 어디 아파요?

តើមានរឿងអ្វី? តើឈឺនៅកន្លែងណា? 따으 미언 르엉 어(v)와이? 따으 츠 너으 껀라엥 나?

커 몸이 별로 안 좋아요.

មិនសូវស្រួលខ្លួន។ 먼 쏘(v)우 스루얼 클루언.

꺼 어떻게 아파요?

ឈឺយ៉ាងម៉េច? 츠 양멫?

커 쑤시고 저려요.

ឆ្អល់ហើយស្ពឹក។ 츠얼허이쓰뻑.

꺼 이 약을 발라보세요.

សូមលាបថ្នាំនេះសាកមើល។

쏘옴 리읍 트남 니ㅎ 싹멀.

전화 ការទូរស័ព្ទ 까 뚜으르쌉

- 여보세요? **អាឡូ?** 알로?

- 거기가 출입국관리사무소 맞나요?
  តើទីនោះជាការិយាល័យអន្តោប្រវេសន៍មែនទេ?
  따으 띠 누ㅎ 찌어 까으리야라이 언따오브러(v)웨ㅎ 멘떼?

- 팀장님이 계세요? **តើលោកប្រធាននៅទេ?** 따으 록 브러티언 너으 떼?

- 아니요, 지금 밖에 나갔어요. **ទេ, ឥឡូវនេះគាត់ទៅក្រៅបាត់ហើយ។**
  떼, 에이러(v)우 니ㅎ 꼬앋 떠으 끄라으 받 하으이.

- 네, 잠깐만 기다리세요. **បាទ, សូមរង់ចាំមួយភ្លេត។** 받, 쏘옴 으롱짬 무어이 플렌

- 법률사무소의 전화번호 맞나요?
  តើលេខទូរស័ព្ទនៅការិយាល័យច្បាប់មែនទេ?
  따으 레익 뚜으르쌉 너으 까으리야라이 츠밥 멘떼?

- 회의 중입니다. **កំពុងជាប់ប្រជុំ។** 껌뽕 쪼압 쁘러쭘.

- 누구라고 전해드릴까요? **តើត្រូវការផ្ដាំផ្ញើប្រាប់ថាជាអ្នកណាដែរទេ?**
  따으 뜨러(v)우까 프담프냐으 쁘랍 타 찌어 네악 나 다에 떼?

- 다시 전화할게요. **នឹងទូរស័ព្ទទៅម្ដងទៀត។** 능 뚜으르쌉 떠으 머덩띠은.

- 통화 중입니다. **ទូរស័ព្ទកំពុងជាប់រវល់។** 뚜으로쌉 껌뽕 쪼압 으러(v)뷜.

- 김 씨 좀 바꿔주세요. **សូមប្ដូររអោយលោកគីមបន្តិច។**
  쏘옴 프도우 아오이 록 김 번뗏.

- 다시 한번 말씀해 주세요. **សូមនិយាយម្ដងទៀត។** 쏘옴 니예이 머덩 띠은.

- 전화번호가 몇 번이에요? **តើទូរស័ព្ទលេខប៉ុន្មាន?** 따으 뚜으르쌉 레익 뽄만?

- 잘못 거셨어요. **ទូរស័ព្ទច្រឡំលេខហើយ។** 뚜으르쌉 쯔럴럼 레익 하으이.

- 국제전화를 걸려고 합니다. **ខ្ញុំនឹងទូរស័ព្ទទៅក្រៅប្រទេស។**
  크뇸 능 뚜으르쌉 떠으 끄라으 브러떼.

- 공중전화는 어디 있나요? **តើទូទូរស័ព្ទសាធារណៈនៅកន្លែងណា?**
  따으 뚜 뚜으르쌉 싸티어 으로나ㄱ 너으 껀라엥 나?

제 11 과 **전 화**

មេរៀនទី១១ ការទូរស័ព្ទ

메ᅳ리언 띠 덥 무어이 까 뚜으르쌉

기본회화 //////////////////////////////////

꺼 여보세요?

អាឡូ? 알로?

커 여보세요? 다라씨의 핸드폰 맞나요?

អាឡូ? តើជា ទូរសព្ទរបស់ដារ៉ា មែនទេ?

알로? 따으 찌어 뚜으로쌉 러버 다라 멘떼?

꺼 네 맞는데요. 누구세요?

ចាស៎ មែន។ នរណាគេហ្នឹង? 짜ㅎ 멘. 노나께능?

커 저 미나예요. 잘 지냈어요?

ខ្ញុំគឺជាមីណា។ សុខសប្បាយទេ?

크놈 끄 찌어 미나. 쏙써바이떼?

꺼 아, 저는 다라 언니예요. 다라 화장실 갔어요.

ហា៎, ខ្ញុំជាបង ស្រីរបស់ដារ៉ា។
ដារ៉ាទៅបន្ទប់ទឹកហើយ។

아, 크놈 찌어 벙쓰레이 로버 다라. 다라 떠으 번뚭뜩 하으이.

커 알겠습니다. 다시 걸게요.

ដឹងហើយ។ នឹងទូរសព្ទម្ដងទៀត។

덩 하으이, 능 뚜으로쌉 머덩띠을.

패턴 1

 여보세요? *អាឡូ?* 알로?

 여보세요? 다라씨의 핸드폰 맞나요?

អាឡូ? តើជា ទូរសព្ទរបស់ដារ៉ា មែនទេ?

알로? 따으 찌어 뚜으르쌉 로버 다라 멘떼?

‖ 설명

** 문법 : ~지요? = ~ **មែនទេ?** 멘떼?

예) 이 가방은 은영씨 것이지요?

តើកាតាបនេះជារបស់អ៊ុនយ៉ុងមែនទេ?

따으 까땁니ㅎ 찌어 로버 은영 멘떼?

당신이 소피어 씨지요?

តើអ្នកជាសុភាមែនទេ? 따으 네악 찌어 쏘피어 멘떼?

패턴 2

 네 맞는데요. 누구세요?

ចាស៎ មែន។ នរណាគេហ្ន៎ឹង?

짜ㅎ 멘. 노나께능?

 저 미나예요. 잘 지냈어요?

ខ្ញុំគឺជាមីណា។ សុខសប្បាយទេ?

크놈 끄 찌어 미나. 쏙써바이떼?

패턴 3 ◦◦◦◦◦◦◦◦◦◦◦◦◦◦◦◦◦◦◦◦◦◦◦◦◦◦◦◦◦◦◦

꺼 아, 저는 다라 언니예요. 다라 화장실 갔어요.

ហ្ន៎, ខ្ញុំជាបង(ស្រី)របស់ដារ៉ា។
ដារ៉ាទៅបន្ទប់ទឹកហើយ។

아, 크놈 찌어 벙쓰레이 로버다라. 다라 떠으 번똡뜩 하으이.

키 알겠습니다. 다시 걸게요.

ដឹងហើយ។ នឹងទូរស័ព្ទម្តងទៀត។

덩 하으이, 능 뚜으로쌉 머덩띠은.

∥ 설명

예) 회의 중입니다 / 밖에 나갔습니다

កំពុងជាប់ប្រជុំ / បានចេញទៅក្រៅ
껌뿡 쪼압 쁘러쭘 / 반 쩬 떠으 끄라오

94

응용회화 //////////////////////////////////

꺼 쏘피아 씨 좀 바꿔주세요.

សូមប្ដូរទូរស័ព្ទអោយសុភាបន្តិច។

쏘옴 프도우 뚜으르쌉 아오이 소피어 번뗴.

커 잠시만 기다려 주세요.

សូមរង់ចាំបន្តិច។ 쏘옴 로옹짬 번뗴.

꺼 짠나씨지요? តើចាន់ណាមែនទេ? 따으 짠나 멘떼?

커 아니요, 전화 잘못 거셨어요 .

ទេ, ទូរស័ព្ទច្រឡំលេខហើយ។ 떼, 뚜으르쌉 쯔럴럼 레익 하으이.

꺼 아. 죄송합니다. ហ្ា ,សូមទោស។ 아, 쏨또ㅎ.

꺼 국제전화를 걸고 싶은데 어떻게 해요?

តើធ្វើយ៉ាងម៉េច
បើចង់ទូរស័ព្ទទទៅក្រៅប្រទេស?

따으 트(v)브 양멪 바오 쩡 뚜으르쌉 떠으 끄라오 브러떼?

커 휴대폰에서 177을 누르고 하세요.

សូមប្រើទូរស័ព្ទ ចុចលេខ១៧៧។

쏘옴 쁘라으 뚜으르쌉 쫃레익 무이러이쯫썹쁘람삐.

95

감정 អារម្មណ៍ 아럼
(감정표현, 감정 변화, 치유방법 등)

- 오늘 너무 피곤해요. **ថ្ងៃនេះ អស់កំលាំងណាស់។** 틍아이 니ㅎ 어ㅎ 껌랑 나ㅎ.

- 빨리 빨리 하세요. **សូមធ្វើលឿនៗ។** 쏘옴 트(v)브 르은르은.

- 정확하게 이야기 해주세요. **សូមនិយាយ ឲ្យច្បាស់។**
  쏘옴 니예이 아오이 쯔바ㅎ.

- 그 사람의 이야기로 기분이 너무 나빠요.
  មានអារម្មណ៍មិនល្អសោះចំពោះរឿងរបស់គាត់។
  미언 아럼 먼러어써ㅎ 쩜뿌어ㅎ 으릉 으러버 꼬앋.

- 저에게 화내지 마세요. **សូមកុំបញ្ចេញកំហឹងដាក់ខ្ញុំ។** 쏘옴 꼼 번쩬 껌헝 닥 크놈.

- 기분이 어때요? **តើមាន អារម្មណ៍ យ៉ាងម៉េច?** 따으 미언 아럼 양 멪?

- 걱정하지 마세요. **សូមកុំបារម្មពេក។** 쏘옴 꼼 바럼 뻬익.

- 부끄럽네요. **អៀនណាស់។** 이은 나ㅎ.

- 이 가수는 노래를 잘 불러요. **អ្នកចំរៀងនេះច្រៀងពិរោះ។**
  네악 쩜으리응 니ㅎ 쯔리응 삐루어ㅎ.

- 별로예요. **មិនសូវ~~** 먼 쏘(v)우

- 제가 생각하기엔~ **ខ្ញុំគិតថា~** 크놈 끋 타~

- 오, 사진 잘 나왔네요! 너무 예뻐요.
  អ្ី, រូបថត ថតបានល្អមែន! ស្អាតណាស់។
  오 룹털 털 반라어 멘! 싸앋 나ㅎ.

제 12 과 **감 정**

메리언 띠 덥 삐 아럼

꺼 얼굴이 좋지 않아요. 무슨 일 있어요?

មុខដូចជាមិនល្អ។ តើមានរឿងអ្វី?

목 도으잊 찌어 먼 러어. 따으 미언 르릉 어(v)와이?

커 친구하고 싸웠어요.

ឈ្លោះជាមួយមិត្តភក្តិ។ 츨루어ㅎ 찌어무어이 먿페악.

꺼 왜요?   **ហេតុអ្វី?**   하엗어(v)와이?

커 친구가 제 이야기를 다른 사람에게 했어요.

មិត្តភក្តិខ្ញុំ បាននិយាយរឿងរបស់ខ្ញុំ ប្រាប់អ្នកដ៏ទៃ។

먿페악 크놈 반 니야이 르응 로버ㅎ 크놈 쁘랍니악 더 따이.

꺼 진짜요? 제 생각에는 그 친구가 잘못했군요.

ពិតមែន? តាមខ្ញុំគិតគឺមិត្តភក្តិជាអ្នកខុស។

뿓 멘? 땀 크놈 끋 끄 먿페악 찌어 네악 코ㅎ

커 그래서 너무 기분이 나빠요.

អញ្ចឹងហើយ បានជាមានអារម្មណ៍មិនល្អ។

안쯩허이 반 찌어 미언 아럼 믄 러어.

패턴 1

꺼 얼굴이 좋지 않아요. 무슨 일 있어요?

មុខដូចជាមិនល្អ។ តើមានរឿងអ្វី?

목 도으잊 찌어 먼 러어. 따으 미언 릉 어(v)와이?

거 친구하고 싸웠어요.

ឈ្លោះជាមួយមិត្តភក្ដិ។
츨루어ㅎ 찌어무어이 먿페악.

‖ 설명

** 문법 : 얼굴이 ~하다 = **មុខ ដូចជា** 목 도으잊 찌어

예) 얼굴이 아파 보여요.

មុខដូចជាឈឺ។ 목 도으잊 찌어 츠.

얼굴이 피곤해 보여요.

មុខដូចជាអស់កំលាំង។ 목 도으잊 찌어 어ㅎ 껌랑.

(얼굴이) 화나 보여요.

មុខដូចជាខឹង។ 목 도으잊 찌어 컹.

** 문법 : 함께 ~하다 = **ធ្វើមគ្នា ធ្វើជាមួយគ្នា**
트(v)브 으룸 크니어 / 트(v)브 찌어무어이 크니어

예) 친구들과 함께 생일파티에 갔어요.

ខ្ញុំបានទៅចូលរួមពិធីខួបកំណើតជាមួយមិត្តភក្ដិ។

크놈 반 떠으 쫄으룸 삐티 쿠읍 껌나읃 찌어무어이 먿페악.

엄마와 함께 이 요리를 만들었어요.

ខ្ញុំបានធ្វើម្ហូបនេះជាមួយម៉ាក់។ 크놈 반 트(v)브 머홉 니ㅎ 찌어 무어이 막.

패턴 2 ○○○○○○○○○○○○○○○○○○○○○○○○○○○○○○○○○○○○○

 왜요? **ហេតុអ្វី?** 하엘어(v)와이?

 친구가 제 이야기를 다른 사람에게 했어요.

មិត្តភក្ដិខ្ញុំ បាននិយាយរឿងរបស់ខ្ញុំ ប្រាប់អ្នកដ៏ទៃ។

믙페악 크놈 반 니야이 르응 로버ㅎ 크놈 쁘랍니악 더 따이.

‖ 설명

** 문법 : 뒷이야기를 하다. = **និយាយដើម(និយាយក្រោយខ្នង)**

니예이 다음 (니예이 끄라우이 크넝)

예) 뒷이야기 하지 마세요.

កុំនិយាយដើម។ 꼼 니예이 다음.

그녀는 뒷이야기 하는 것을 좋아해요.

គាត់ចូលចិត្តនិយាយដើមគេ។ 꼬앝 쫄쩓 니예이 다음 께.

패턴 3

○○

꺼 진짜요? 제 생각에는 그 친구가 잘못했군요.

ពិតមែន? តាមខ្ញុំគិតគឺមិត្តភក្ត្តិជាអ្នកខុស។

뻗 멘? 땀 크놈 끋 끄 먿페악 찌어 네악 코ㅎ.

커 그래서 너무 기분이 나빠요.

អញ្ជឹងហើយ បានជាមានអារម្មណ៍មិនល្អ។

안쯩허이 반 찌어 미언 아럼 믄 러어.

‼ 설명

** 문법 : 제 생각에는 / 제 뜻은

តាមខ្ញុំគិតថា 땀 크놈 끋 타 / **តាមន័យខ្ញុំ** 땀 네이 크놈

예) 제 생각에는 일이 많아서 집에 늦게 갈 것 같아요.

តាមខ្ញុំគិតថា ប្រហែលទៅផ្ទះយឺត ព្រោះការងារច្រើន។

땀 크놈 끋 타 브러하엘 떠으 프떼아ㅎ 여읃 쁘루어ㅎ 까응이아 쯔라은.

제 이야기는(제 뜻은) 만나기 힘들다는 말이에요.

ខ្ញុំចង់មានន័យថា ពិបាកជួបគ្នា។

크놈 쩡 미언네이 타 삐 빡 쭈읍 크니어.

응용회화 ///////////////////////////////////

꺼 요즘 어때요?

សព្វថ្ងៃនេះម៉េចដែរ? 썹 틍아이 니ㅎ 멛 다에?

커 보통이에요. / 행복해요.

ធម្មតា / សប្បាយ 토암마다 / 써바이

///////////////////////////////////////

꺼 오! 노래 잘 부르시네요. (목소리가 좋아요)

អូ! ច្រៀងពីរោះមែន។ 오! 쯔리응 삐ㅇ루어ㅎ 멘.

커 아이고 감사합니다. 부끄럽네요.

អូ អរគុណ។ អៀនណាស់។ 오. 어꾼. 이은 나ㅎ.

꺼 저도 노래 잘 부르고 싶어요.

ខ្ញុំក៏ចង់ច្រៀងពីរោះដែរ។ 크놈 꺼 쩡 쯔리응 삐ㅇ루어ㅎ 다에.

//////////////////////////////////////

꺼 부인이 출산했어요.

ប្រពន្ធខ្ញុំ បានឆ្លងទន្លេរួចហើយ។

쁘러뽄 크놈 반 츨렁 똔레 으루읻 하으이.

커 축하합니다.

សូមអបអរសាទរ! 쏘옴 업어싸또!

부록
내 주위의 단어
ពាក្យដុំវិញខ្លួនខ្ញុំ
WORD Aroud me

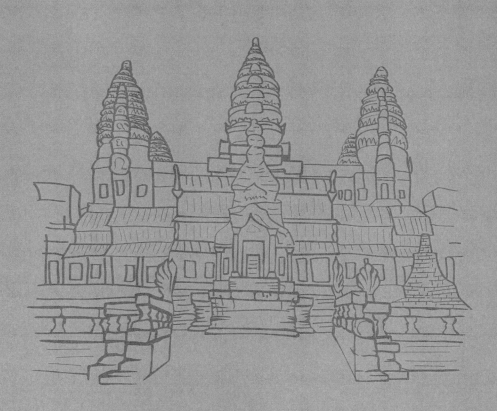

01 ចាប់ពី១ឆ្នាំ · from age 1 · 한 살 부터

សម្លៀកបំពាក់	clothes	의류
ប្រដាប់លេង	toys	장난감
ដងខ្លួន	the body	몸
ផ្ទះ	house	집
សាលារៀន	school	학교
បន្ទប់ទទួលភ្ញៀវ	living room	거실
បន្ទប់គេង	bedroom	침실
បន្ទប់បាយ	kitchen	부엌
បន្ទប់ទឹក	bathroom	욕실
កន្លែងធ្វើការ	workshop	작업장

02 គ្រួសារ · family · 가족

ឪពុក	father	아버지
កូនស្រី	daughter	딸
ម្តាយ	mother	엄마
កូនង៉ែត	baby	아기
កូនប្រុស	son	아들
តា	grandfather	할아버지
ពូ	uncle	아저씨
យាយ	grandmother	할머니
មីង	aunt	이모

03 ដងខ្លួន body 몸

ពីចំហៀង	profile	옆모습
ក្បាល	head	머리
ត្រចៀក	ear	귀
សក់	hair	머리카락
ខ្នង	back	등
កំប៉េះគូទ	buttocks	엉덩이
ជើង	leg	다리
បាតជើង	foot	발바닥
ពីមុខ	face forward	앞으로 직면
ម្រាមដៃ	finger	손가락
ដៃ	arm	팔
ក	neck	목
ទ្រូង	chest	가슴
ក្បាលពោះ	stomach	복부
ផ្ចិត	navel	배꼽
ប្រដាប់ភេទ	sex	남근
ថ្ងាស	forehead	이마
សក់ទិទុយ	pigtails	변발
ចិញ្ចើម	eyebrows	눈썹
ភ្នែក	eyes	눈
ថ្ពាល់	cheek	뺨
ច្រមុះ	nose	코
មាត់	mouth	입
ស្មា	shoulder	어깨
កែងដៃ	elbow	팔꿈치

04 សម្លៀកបំពាក់ clothes 의류

ឆ្នាប	hair clips	머리핀
អាវស្រី	blouse	블라우스
សំពត់	skirt	치마
មួក	cap	모자 (테 없는)
អាវប្រុស	shirt	와이셔츠
ខោខ្លី	shorts	반바지
ស្បែកជើង	chose	신발
មួកស្រី	hat	모자 (테 있는)
រ៉ូប	dress	드레스
ខ្សែក	necklace	목걸이
ឆ័ត្រ	umbrella	우산
អាវយឺត	t-shirt	티셔츠
ស្បែកជើងផ្ទាត់	flip_flops	샌들
ខោជើងទ្រីកា	Bermuda shorts	버뮤다 쇼츠
ប៊ូ	bow tie	나비 넥타이
វ៉ែនតាខ្មៅ	sunglasses	선글라스
ខ្សែក្រវាត់	belt	벨트
ឡេវ	button	단추
មួករងា	bonnet	보닛
កន្សែងរុំក	scarf	목도리
ខោជើងវែង	trousers	바지
ស្រោមដៃ	gloves	장갑
ឈុតហែលទឹក	swimsuit	수영복

អាវវ៉ា	jacket	재킷
ខោអាវគេងយប់	pyjamas	잠옷
អាវយឺតវាលក្លៀក	camisole	캐미솔
ក្រមា	scarf	스카프
ខោស្លីបស្រី	panties	팬티
ស្បែកជើងកវែង	boot	장화
ស្បែកជើងប៉ាតា	trainers	운동화
ស្រោមជើង	socks	양말
ខោស្លីបប្រុស	underpants	팬츠

05 បន្ទប់ទទួលភ្ញៀវ living room 거실

គ្រែវែង	sofa	긴 안락의자
ទូសំអាង	dressing table	화장대
នាឡិកាព្យួរ	clock	시계
ទូរស័ព្ទ	mobile phone	휴대폰
ថូផ្កា	vase	꽃병
ទូរទស្សន៍	television	텔리비전 TV
កាសែត	newspaper	신문
កង្ហារ	fan	선풍기
តុទាប	coffee table	소형탁자

06 បន្ទប់គេង bedroom 침실

ខ្មែរ	bedroom	한국어
ត្រែ	bed	침대
នាឡិការោទ៍	alarm clock	자명종
កន្ទេល	mat	매트
កុំព្យូទ័រ	computer	컴퓨터
អំពូលលើតុ	lamp	스탠드
ទូខោអាវ	wardrobe	옷장
ខ្នើយកើយ	pillow	베개
ភួយ	blanket	이불

07 បន្ទប់បាយ kitchen 부엌

ខ្មែរ	kitchen	한국어
ទូទឹកកក	refrigerator	냉장고
ស្លាបព្រា	spoon	숟가락
ចង្ក្រានហ្គាស	stove	가스레인지
ចាន	plate	접시
សម	fork	포크
កែវ	glass	잔
កាំបិត	knife	칼
ខ្ទះ	frying pan	프라이팬

08 បន្ទប់ទឹក — bathroom — 욕실

ទឹកផ្កាឈូក	shower	샤워기
បង្គន់	toilet	화장실
កន្សែងជូតខ្លួន	towel	수건
ក្រដាសអនាម័យ	toilet paper	휴지, 화장지
សាប៊ូកក់សក់	shampoo	샴푸
កញ្ចក់	mirror	거울
ច្រាសដុសធ្មេញ	toothbrush	칫솔
ថ្នាំដុសធ្មេញ	toothpaste	치약
សាប៊ូ	soap	비누

09 រោងជាង — workshop — 직업장

ឡាន	car	자동차
ជណ្តើរ	ladder	사닥다리
មួកសុវត្ថិភាព	helmet	헬멧
ម៉ូតូ	motorbike	오토바이
ចបកាប់	pickaxe	곡괭이
ម៉ាស៊ីនស្វាន	drill	드릴
កណ្តៀវ	sickle	낫
រណារ	saw	톱

10 ផ្ទះ	house	집

បក្សី	bird	새
ដើមឈើ	tree	나무
ខ្លោងទ្វារ	gate	문, 대문
ក្មេងប្រុស	boy	소년
ជណ្ដើរ	stair	계단
ទ្វារ	door	문
បង្អួច	window	창문
អង្រឹង	hammock	그물 침대
ផ្កា	flower	꽃
ពពក	cloud	구름
ពាង	jars	항아리
កូនមាន់	chicks	병아리
មេមាន់	hen	암탉
ឆ្កែ	dog	개
ព្រៃគុម្ពោត	bush	풀숲
ឆ្មា	cat	고양이

11 ប្រដាប់លេង toys 장난감

យន្តហោះ	aeroplane	비행기
មនុស្សយន្ត	robot	로봇
ការផាត់ពណ៌	coloured drawings	색채 그림
កង់កង់	tricycle	세발자전거
រទេះភ្លើង	toy train	장난감 기차
គំនូរ	drawing	그림
ឡាន ប្រដាប់ក្មេងលេង	toy car	장난감 자동차
តុក្កតាខ្លាឃ្មុំ	teddy bear	장난감 곰
វិល្សងផ្គុំរូប	puzzle	퍼즐
កង្ហារ	pinwheel	바람개비
សេះឈើ	rocking horse	흔들 목마
បាល់	ball	공
របាំង (មុខ)	mask	가면
គូសរទឹកគូររូប	water colours	수채화 물감
ឡានដឹកជី	truck	트럭
កូនក្រមុំដូរ	doll	인형
គ្រាប់ឈ្លើ	marbles	공기돌

12 សាលារៀន school 학교

នាយក	headmaster	교장선생님
សិស្ស	students	학생
អ្នកគ្រូ	teacher	선생님
ទង់ជាតិ	national flag	국기
ទីធ្លាសាលារៀន	school yard	학교 운동장
ថ្នាក់រៀន	classroom	교실
ល្បែងម៉ឹក	hopscotch	돌 차기 놀이
ក្តារខៀន	blackboard	칠판
កៅអីសិស្ស	bench	벤치
កាតាប	backpack	배낭
សៀវភៅពុម្ព	textbook	교과서
ភូគោល	globe	지구
ដីស	chalk	분필
ព្យញ្ជនៈខ្មែរ	khmer alphabet	캄보디아어 자음
ប្រដាប់ខ្ទោងខ្មៅដៃ	sharpener	연필깍기
ប៊ិច	pen	볼펜
បន្ទាត់	ruler	자
សៀវភៅសរសេរ	notebook	공책
ជ័រលុប	eraser	지우개
កន្ត្រៃ	scissors	가위
កាបូបដាក់ប៊ិច	pencil case	필통
ខ្មៅដៃ	pencil	연필
កាវ	glue	접착제

※ 이 교재는 아시안허브 캄보디아어 과정 회화교재로
아시안허브평생교육원 사이트로 오시면 동영상
강좌와 함께 캄보디아어를 배울 수 있습니다.

- asianlanguage.kr
- asianhub.liveklass.com

캄보디아어 회화

2014년 12월 25일 1판 1쇄 발행
2016년 01월 20일 1판 2쇄 발행
2023년 07월 30일 1판 3쇄 발행

편저자 찌어다라, 이진곤
교　정 찬소포안, 훈쏜쎄타
발행인 최진희

출판사 (주)아시안허브　**발행인** 최진희　**등록** 제2014-3호(2014년 1월 13일)
주소 서울특별시 관악구 신림로 271(신림동, 진흥빌딩) 3층
전화 070-8676-4585　**팩스** 070-7500-3350
홈페이지 http://asianhub.kr
동영상강좌사이트 주소 http://asianlanguage.kr
이메일 editor@asianhub.kr

값 10,000원
ISBN 979-11-952076-7-1 (93790)

이 도서의 국립중앙도서관 출판예정도서목록(CIP)은
서지정보유통지원시스템 홈페이지(http://seoji.nl.go.kr)와
국가자료공동목록시스템(http://www.nl.go.kr/kolisnet)에서
이용하실 수 있습니다. (CIP제어번호: CIP2014035762)